오늘은
메타버스

오도독 02

메타버스에서는
상상이 현실이 돼!

이진명 지음

오늘은 메타버스

다른

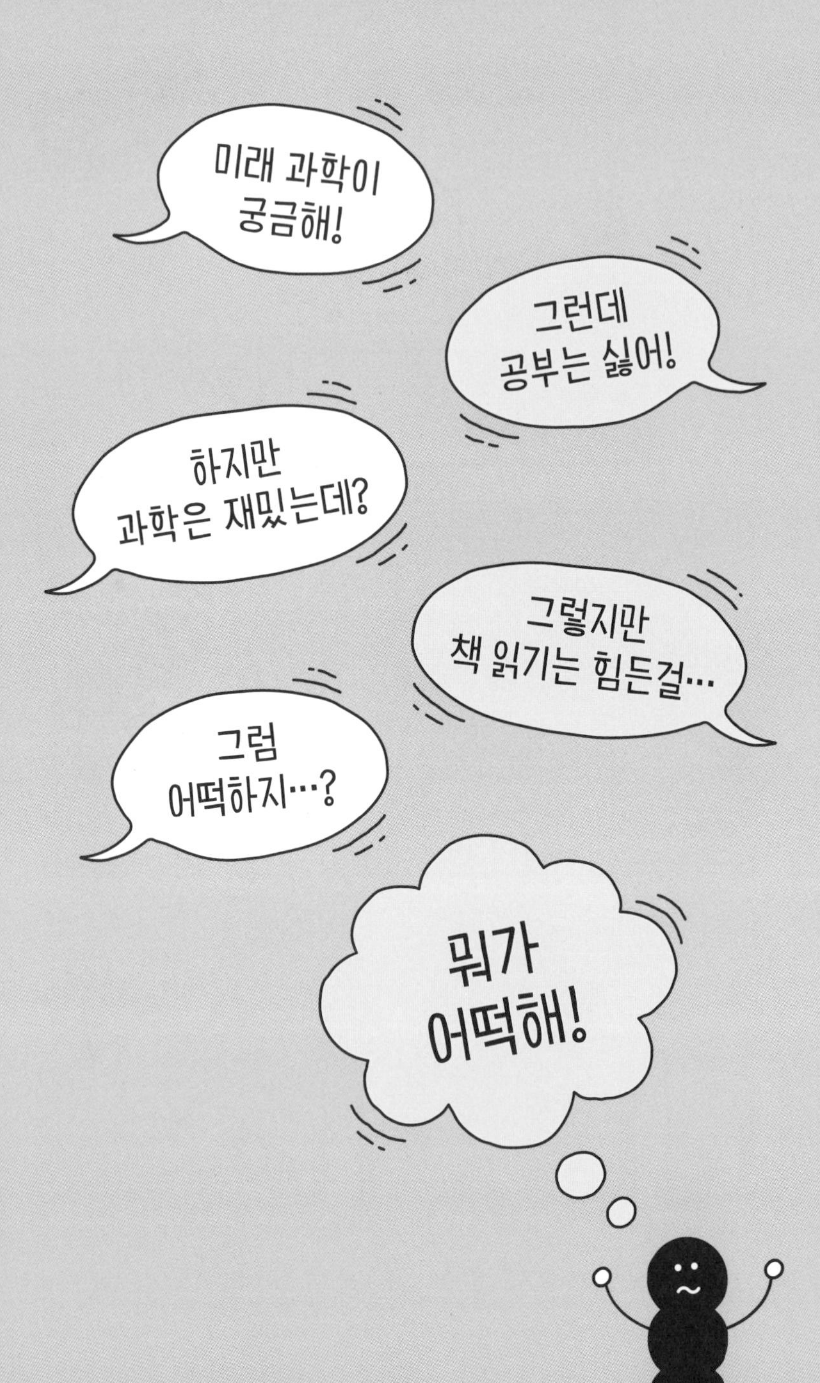
미래 과학이
궁금해!
그런데
공부는 싫어!
하지만
과학은 재밌는데?
그렇지만
책 읽기는 힘든걸…
그럼
어떡하지…?
뭐가
어떡해!

짠!

앉은 자리에서
뚝딱 끝낼 수 있는
과학 지식이 여기 있잖아!

짧고 굵고 빠삭하게, 최신 과학을 과자처럼

오늘도 가볍게 완독!

완독 후 마무리를 도와줄 [찜 노트]는 여기 있다!
문해력·발표력·토론력·창의력 활동 모음

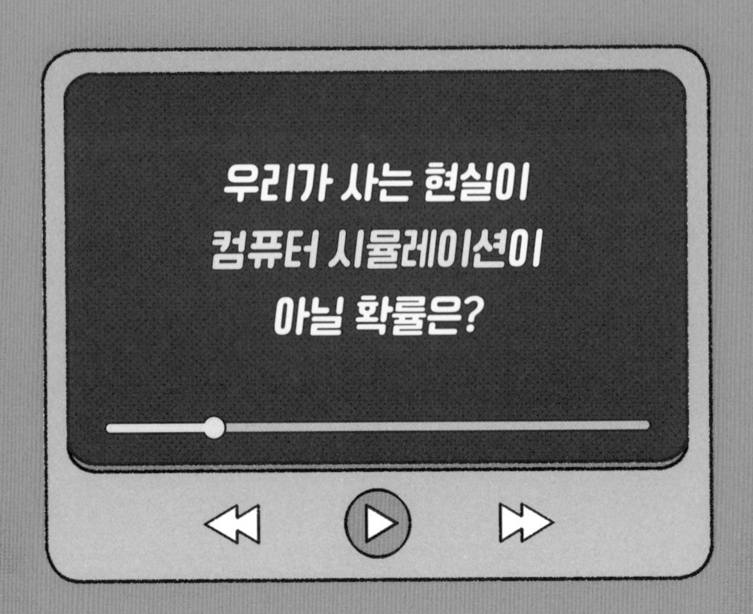
우리가 사는 현실이
컴퓨터 시뮬레이션이
아닐 확률은?

OMG
"10억분의 1"

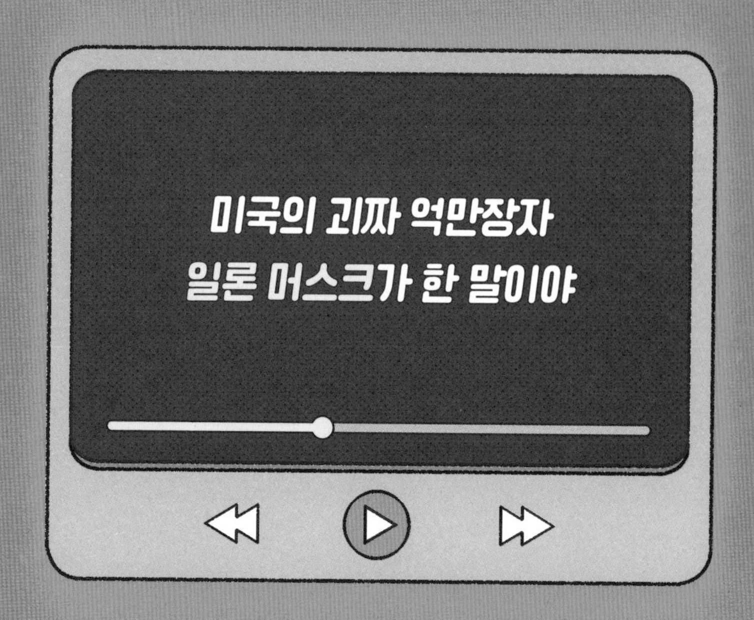
미국의 괴짜 억만장자
일론 머스크가 한 말이야

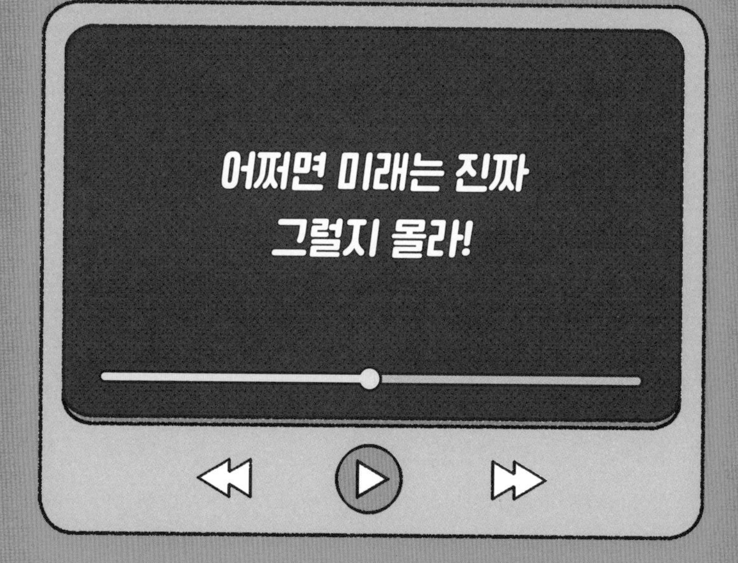
어쩌면 미래는 진짜
그럴지 몰라!

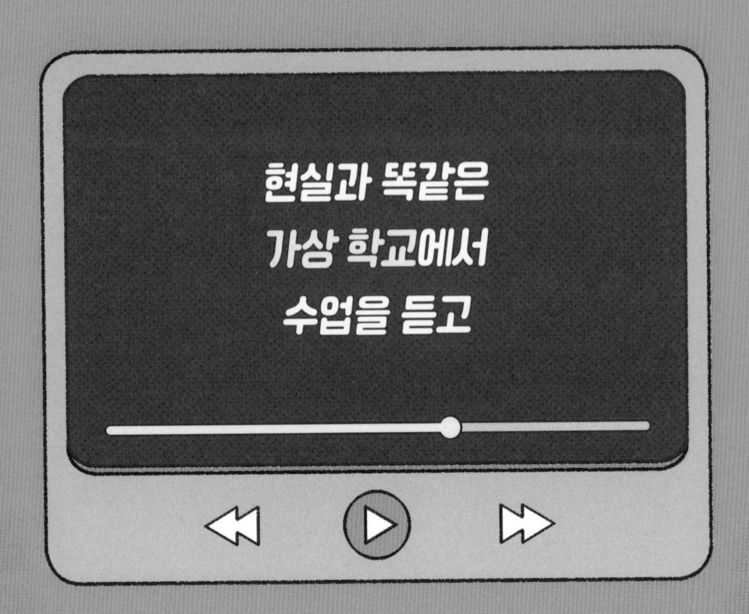
현실과 똑같은
가상 학교에서
수업을 듣고

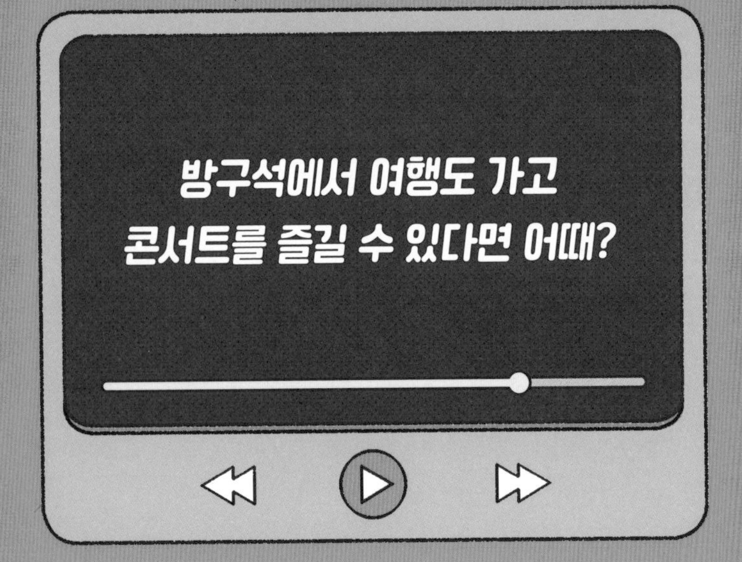
방구석에서 여행도 가고
콘서트를 즐길 수 있다면 어때?

메타버스가 궁금한
너를 위해 준비했어

자, 지금부터
나를 따라와!

차례

VERSE

1장
메타버스,
왜 이렇게 핫해?

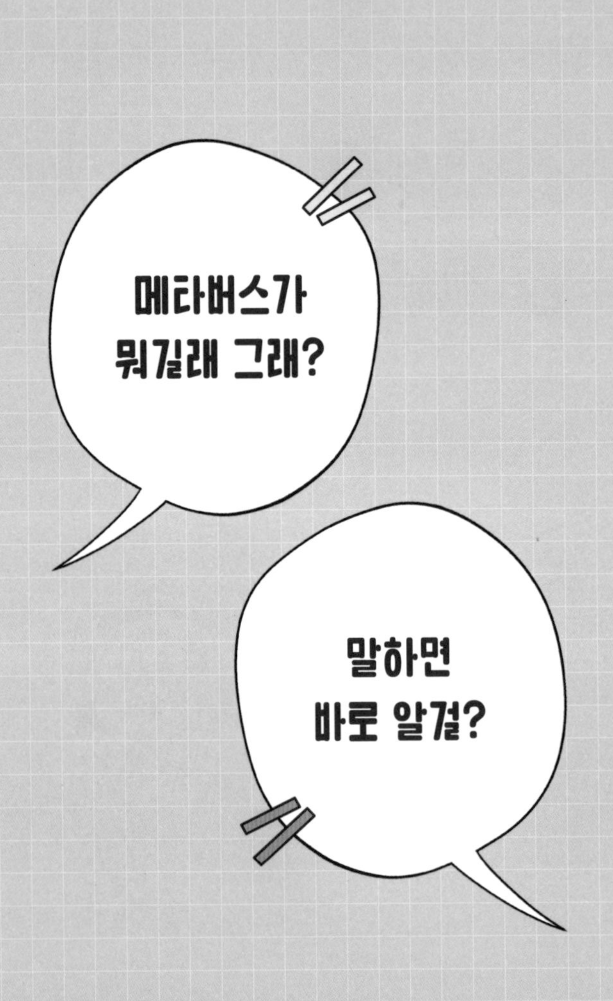
메타버스가
뭐길래 그래?
말하면
바로 알걸?

너 또
게임하니?
그냥
게임이
아냐.
메타버스라고!
메타로 가는
버스인가?
BUS
그 버스
아니거든!
가상의
세계를
말한다고!
VERSE

〈로블록스〉가 메타버스?

〈로블록스〉와 〈마인크래프트〉 알지? 아마 이 게임을 해 본 사람도 있을 거야. 유튜브 같은 인터넷 방송에서 다른 사람이 하는 모습을 본 사람도 있겠지. 이런 게임에서는 사용자가 직접 공간을 꾸미고 방 탈출, 자연재해에서 살아남기 등 게임을 즐기는 새로운 맵을 만들기도 해. 다른 사람을 초대해서 함께 시간도 보내고 말이야. 갑자기 게임 이야기를 왜 하냐고? 내 마음대로 무엇이든 만들고 아바타로 어디든 탐험하는 세계가 바로 메타버스이기 때문이야. 그러니까 〈로블록스〉와 〈마인크래프트〉는 그저 흔한 게임이 아니라 메타버스인 셈이지. 닌텐도에서 만든 〈모여봐요 동물의 숲〉도 메타버스야. 메타버스는 보통의 게임과 무엇이 다를까?

메타버스는 사용자가 아바타로 세상을 탐험한다는 점에서 게임과 비슷해. 가장 큰 차이점은 사용자가 직접 새로운 것을 만들 수 있다는 점이지. 〈로블록스〉와 〈마인크래프트〉에서 사람들은 계속 새로운 세계를 만들어 내지? 자신이 생각한 그대로를 가상의 세계에 담아낼 수 있

〈마인크래프트〉에서 만든 자연 풍경

잖아. 〈모여봐요 동물의 숲〉이나 〈어몽 어스〉에서도 언제든지 내 모습을 바꾸거나 내 공간을 꾸밀 수 있고 말이야.

게임은 주어진 스토리를 무조건 따라가야 해. 하지만 메타버스는 우리가 스스로 무언가를 만들고 활동할 수 있다는 점에서 달라. 메타버스 안에서는 다른 사람과 물건을 사고팔거나 대화를 나눌 수 있고, 현실에서 이루기 어려운 수많은 일을 해낼 수 있지.

그럼 얼마나 많은 사람이 메타버스 세상을 즐기고 있을까? 전 세계에서 〈로블록스〉를 사용하는 사람은 1억 5,000만 명에 가까워. 2021년 기준으로 미국에서만

16세 미만 청소년의 55퍼센트가 가입했다고 하니 그 규모가 짐작 가지? 〈로블록스〉 공식 홈페이지에서는 새로운 맵을 만든 개발자가 총 950만 명, 그동안 사용자들이 〈로블록스〉를 이용한 시간만 731억 시간이라고 밝히고 있어. 정말 엄청난 숫자지?

메타버스Metaverse는 메타meta와 유니버스universe를 합친 말이야. 가상을 뜻하는 메타와 세계를 뜻하는 유니버스를 합치면 '가상 세계'가 되지? 〈로블록스〉와 〈마인크래프트〉 같은 가상 세계를 통틀어 메타버스라고 해. 〈로블록스〉에서는 지금 이 순간에도 수많은 맵이 생겨나고, 새로운 공간이 만들어지고 있지. 〈마인크래프트〉도 마찬가지야. 이렇게 우리가 직접 만들고 아바타로 움직일 수 있는 모든 곳을 메타버스라고 한단다.

〈로블록스〉와 〈마인크래프트〉 말고도 〈제페토〉가 대표적인 메타버스야. 전 세계 4억 명이 이용하고 있지. 〈제페토〉는 내 모습을 찍어 올리면 날 닮은 아바타를 만들어 줘. 그 아바타로 가상의 세계를 탐험할 수 있지. 찬란한 신라의 문화유산을 보러 경주로 여행을 떠나거나 국립중앙박물관에 견학을 가는 거야. 굳이 멀리 가지 않아도 메타버스 안에서는 시간과 공간을 넘어 어떤 곳이든 체험할 수 있어.

기업에서 만든 물건을 사서 쓰는 것도 가능해. 다른 사람이 만든 옷을 사서 아바타에게 입히는 것은 물론, 내가 직접 옷을 만들어 판매할 수도 있단다. 당연히 나만의 공간에 다른 사람을 초대할 수도 있어. 메타버스는 가상 세계지만 돈거래가 가능한 곳이야. 실제로 〈로블록스〉에서는 '로벅스'라는 가상 화폐로 아이템을 사고팔고 진짜 돈으로 바꿀 수 있지. 〈제페토〉에서도 '젬'이라는 가상 화폐로 아이템을 거래할 수 있단다.

이렇게 게임과 메타버스는 조금 달라. 사용자가 새로운 것을 만들어서 경제 활동도 할 수 있는 곳을 메타버스라고 이야기하지. 메타버스는 현실과 유사하지만 현실보다 더 많은 것을 할 수 있는 가상 세계야.

메타버스 열풍이 궁금해

그런데 왜 갑자기 메타버스가 난리일까? 그전에는 없던

게 어느 날 갑자기 툭 튀어나온 걸까? 당연히 아니야. 메타버스는 미국의 한 소설에서 처음 등장했어. 하지만 그때는 기술의 한계로 사람들의 기억에서 금방 잊혔지. 그러다가 코로나19가 전 세계를 휩쓴 거야. 사람들은 직접 만나지 못하게 되자 메타버스에 다시 주목하기 시작했어. 그동안 기술이 많이 발전했기 때문에 가능한 일이었지.

2019년부터 코로나19 때문에 외출이 자유롭지 못했잖아. 학생들은 학교에 갈 수 없어서 온라인으로 수업을 들었고 말이야. 늘 하던 일을 갑자기 할 수 없게 됐으니 얼마나 답답했겠어? 얼굴을 맞대는 게 당연했는데 이제 그럴 수 없으니 다들 낯선 상황에 적응하기 바빴지.

예를 들어 교실에서는 친해지고 싶은 친구에게 다가가 말도 걸고, 쉬는 시간에 같이 여기저기 돌아다닐 수 있잖아. 수업 시간에 자유롭게 질문도 하고 말이야. 그런데 코로나19로 그런 일들이 불가능해진 거야. 화상 수업은 인터넷 강의를 보는 것과 비슷해. 선생님 질문에 대답하거나 이해가 안 되는 점을 그때그때 물어보기가 어렵지. 쉬는 시간에는 각자 화면을 끄고 있어. 그야말로 각자 방안에 고립된 거야. 컴퓨터 화면만이 유일한 소통 창구였

으니 사람들은 불편함과 답답함을 느낄 수밖에 없었어.

메타버스라면 어떨까? 메타버스에서는 이 불편함과 답답함을 해소할 수가 있어. 사람들과 실제로 만나는 것 같은 느낌을 받을 수 있거든. 교실에서처럼 메타버스에서도 내가 친해지고 싶은 친구의 아바타에게 다가가 말을 걸면 돼. 학교에 있는 것처럼 메타버스 세상에서도 친구들과 여기저기 돌아다닐 수 있지. 심지어 현실에서는 가기 힘든 화산 폭발 현장, 우주 공간, 바닷속으로 모두 함께 이동할 수 있어. 메타버스에서는 무엇이든 가능

아바타로 만날 때 우리는 함께 존재하는 느낌을 받을 수 있다.

하니까. 어때? 그저 화면으로 얼굴을 보는 것보다는 이렇게 직접 움직이는 메타버스 세상에서 친구와 더 연결되어 있다고 느끼겠지? 코로나19로 받은 단절감과 소외감을 메타버스에서 덜어 내는 거야.

메타버스 공간에서는 나를 대신하는 아바타로 다른 사람과 만나. 그래서 실재감을 받을 수 있지. 실재감은 내 친구와 선생님이 진짜 옆에 있는 것 같은 느낌을 말해. 화상회의로 얼굴만 보며 말하는 것과는 확실히 다르지. 교실이나 집, 회사 등 현실 속 공간을 비슷하게 만들어 놓을 수 있으니까 말이야. 궁금한 게 있으면 메타버스에서 선생님께 바로 질문하면 돼. 그동안 꿈꿨던 공간을 직접 만들 수도 있어.

메타버스에서 행사 열어요!

코로나19 시기에 많은 행사가 개최를 취소해야 했어. 그때 많은 행사가 메타버스에서 열렸지. 직접 만나지 못하는 한계를 메타버스로 이겨 내려고 한 거야. 그 예로 청와대는 2020년에 어린이를 위한 초청 행사를 메타버스에서 진행했어. 매년 어린이날이면 청와대에서 어린이를 초대했거든. 코로나19로 청와대 방문이 어려워지자 〈마인크래프트〉에 '청와대 맵'을 만들었어. 덕분에 행사를 무사히 개최할 수 있었단다. 어린이들은 메타버스에서 아바타로 청와대를 구경하고 대통령을 만났지.

〈제페토〉에서는 2021년에 전주의 문화를 소개하는 행사가 열렸어. 전통 한옥과 공예품을 메타버스에 그대로 옮겨 놨지. 같은 해 〈로블록스〉에서 열린 영덕 대게 축제에서는 지역 특산품을 구매하며 축제를 즐길 수 있었고. 이 외에도 코로나19로 개최가 막힌 다양한 지역 축제가 메타버스 덕분에 열릴 수 있었어. 사람들이 걱정 없이 모일 수 있도록 메타버스가 새로운 공간을 열어 준 셈이야.

각종 공연도 메타버스에서 이루어지고 있단다. 〈포트나이트〉라고 혹시 들어 봤니? 메타버스 가운데 하나인 〈포트나이트〉는 원래 게임으로 처음 서비스를 시작했어. 그러다가 사용자들이 서로 교류할 수 있도록 '파티로얄'이라는 평화지대를 만들었어. 그런데 이곳이 점차 또래와 소통하는 공간이 되면서 큰 인기를 얻었지. 2020년에는 방탄소년단BTS이 〈포트나이트〉에서 신곡을 발표했어. 코로나19로 오프라인 콘서트를 하지 못하자 팬들의 아쉬움을 달래기 위해서였지. 아주 재미있는 이벤트도 곁들였어. 신곡 발표가 끝나자 안무를 판매한 거야. 신곡의 안무를 구입하면 내 아바타가 그 곡에 맞춰 춤을 추는 거지. 생각만 해도 짜릿하지? 현실에서는 한참 배워야 익힐 수 있는 안무를 한 번에 내 것으로 만들 수 있잖아. 아바타가 나를 대신해 멋지게 춤춘다면 엄청 신나겠지?

그 외에도 많은 공연이 메타버스에서 열렸어. 왜일까? 사실 공연장에 가면 우리는 저 뒤에 앉아 손톱만 한 가수를 봐야 할 때가 많잖아. 하지만 메타버스에서는 모두가 맨 앞에 앉아서 편하게 관람할 수 있어. 수많은 사람이 동시에 접속할 수 있기 때문에 티켓 예매도 좀 더 쉬워졌지. 공연하는 사람 입장에서도 한 번에 더 많은 사람을 만날 수 있고, 안전에 대한 걱정도 덜 수 있어. 또 공연장을 빌리지 않아도 돼. 메타버스에서 배경만 바꾸면 우주나 바닷속으로 모두를 데려갈 수 있으니까. 코로나19 때문에 시작했지만 메타버스를 경험한 사람들은 결국 그 세계에 빠져들었단다.

메타버스는 현실을 대체할 수 있는 공간, 현실에서 불가능한 일을 손쉽게 할 수 있는 공간으로 주목받고 있어. 멀리 떨어져 있는 사람과도 바로 옆에 있는 것처럼 대화하고, 날씨가 안 좋아도 걱정 없지. 시공간을 초월한 만남이 가능한 거야. 사람들이 왜 메타버스에 끌리는지 알겠지? 코로나19를 겪으며 사람들은 메타버스의 장점을 몸소 깨달았어. 그래서 지금은 점점 더 많은 활동이 메타버스에서 이루어지고 있단다. 기술이 발전할수록 메타버스는 앞으로 더 커질 거야. 결국 메타버스 안에서 더욱 많은 일들이 생겨날 수밖에 없어.

진료, 쇼핑, 학습까지 싹!

메타버스에서는 새로운 시도가 계속 일어나고 있어. 특히 현실을 그대로 옮겨 놓은 듯한 공간이 눈길을 끌지. 그중 롯데그룹에서 만든 〈칼리버스〉는 초실감형 메타버스야. 아바타를 이용해 메타버스에 들어가면 실제 세계와 같은 느낌을 받을 정도지. 의사에게 진료도 받을 수 있어. 증상

현실 세계를 그대로 옮겨 놓은 듯한 <칼리버스>의 모습

을 이야기하면 의사가 거기에 맞는 처방을 내려 줘. 심리 상담도 가능해. 면세점, 편의점, 극장도 둘러볼 수 있지.

가상의 가게로 들어가면 점원이 등장해. 그리고 가전제품에 대해 질문하면 그에 맞게 친절히 답변해 줘. 노트북을 산다고 해볼까? 가상의 가게에서 노트북을 주문하면 진짜 노트북이 현실 세상에 있는 집으로 배송돼. 메타버스 안에서도 그 노트북을 쓸 수 있어. 아바타가 노트북 아이템으로 메타버스 안에서 검색을 하는 거야. 현실과 똑같은 노트북이 가상 세계에도 생기는 거지.

만약 가게에서 옷을 입어 보고 싶으면 어떡할까? 각

〈칼리버스〉에서는 전자 매장에서 실제 노트북을 구매할 수 있다.

제품의 재질을 실제처럼 나타낸 메타버스가 있으니 문제 없어. 정교한 그래픽 기술로 상품을 저마다 살펴볼 수 있거든. 옷을 살 때 가장 고민되는 게 뭐야? 그 옷이 나에게 어울릴지, 사이즈가 맞을지, 내가 가지고 있는 옷들과 매치하기 쉬울지 등 아니겠어? 메타버스에서는 나와 체형이 비슷한 아바타에게 옷을 입혀 볼 수 있어. 실제로 옷을 입었을 때 내 모습을 확인하는 셈이지. 또 내가 가진 옷들과 쉽게 비교가 가능해. 물건을 사러 쇼핑몰에 가서 오래 돌아다닐 필요가 없는 거야! 정말 놀랍지?

공부하기도 훨씬 좋아. EBS는 2023년에 〈위캔버스〉

라는 메타버스를 만들었어. 그리고 학생들이 메타버스 공간에서 학습할 수 있는 콘텐츠를 제공하기 시작했지. 울릉도와 독도 체험 학습, 인공지능 음성인식을 활용한 영어 공부가 가능해. 실시간 화상 수업, 모둠 수업, 코딩 수업은 물론이고, 각종 실감형 콘텐츠가 준비되어 있지.

〈제페토〉에서는 경주로 가상 수학여행을 떠날 수 있어. SK텔레콤이 만든 〈이프랜드〉에서는 뮤지컬 같은 멋진 공연을 볼 수 있고! 어디에 사는지와 상관없이 유명한 강연을 언제나 들을 수 있다면 엄청 편하겠지? 메타버스에서는 현실에서 일어나는 일이라면 대부분 가능해. 현실에서는 할 수 없는 일을 할 수 있다는 점에서 특별하지. 그래서 메타버스를 현실과 가상을 넘나드는 세계라고 이야기하는 거야!

메타버스는 어떤 종류가 있어?

가능성이 끝없는 메타버스에도 종류가 있을까? 미국의 비영리 연구단체인 가속연구재단ASF에서는 2007년에 메타버스를 네 가지 종류로 나누었어. 증강 현실, 라이프로깅, 거울 세계, 가상 세계로 말이야. 사실 지금은 메타버스가 점점 커지면서 이 네 가지의 경계가 사라지고 있긴 해. 하지만 종류를 나누어 보면 메타버스를 좀 더 이해하기 쉽단다.

+ 증강 현실 +

증강 현실AR은 실제 현실에 가상 정보를 합성하는 기술을 말해. 뭔지 모르겠다고? 〈포켓몬 고〉를 생각하면 돼! 한

스마트폰에서 〈포켓몬 고〉를 켜면 카메라에 포켓몬이 나타난다.

때 유행했던 게임 있잖아. 스마트폰 카메라로 내 눈앞의 공간을 비추면 포켓몬이 나오는 게임 말이야. 아마 학교 수업 시간에 증강 현실을 본 적 있을 거야. 어렵게 생각할 필요 없어. 태블릿이나 스마트폰 카메라로 현실에 있는 공간을 비추면 그 위에 가상의 세계가 더해져. 공룡이 실제 우리 집 안을 돌아다니거나, 곤충의 모습을 360도로 살펴볼 수 있지. 이 기술을 적용한 장난감 카드도 있어. 장난감 카드를 스마트폰 카메라로 비추면 카드 속 그림이 눈앞에서 움직이는 거야.

증강 현실은 현실과 가상을 넘나드는 대표적인 메타버스야. 가상 세계에 있는 물체를 현실로 불러오면 어떨까? 책으로만 배운 개념을 눈으로 보며 바로 이해할 수 있겠지? 계절에 따른 해의 움직임을 글로만 읽다가 증강 현실로 체험한다고 생각해 봐. 훨씬 이해하기 쉽잖아!

+ 라이프 로깅 +

흔히 SNS라고 말하는 온라인 플랫폼들이야. 대표적으로 인스타그램, 트위터, 틱톡이 있어. 현실의 내 삶을 가상의 누군가와 나누는 곳이지. 일상에서 일어나는 활동을 가

라이프 로깅의 사례인 각종 SNS 앱

상 공간에 데이터로 기록하는 것을 **라이프 로깅**Life Logging이라고 생각하면 돼. 스마트워치에 내가 하루에 얼마큼 운동했는지 기록하는 것도 라이프 로깅이야. 실제로 내가 움직인 양이 데이터로 모두 저장되니까.

만약 SNS를 한다면 이런 경험이 있을 거야. 스쳐 가는 순간을 찍은 사진이나 동영상을 SNS에서 친구들과 공유한 경험 말이야. 사실 SNS에 게시물을 올리는 순간, 친구가 아닌 사람도 내 삶을 엿볼 수 있잖아. 동시에 그 안에서 새로운 인연을 만들 수 있고 말이야. 그래서 라이프

로깅은 가상과 현실이 연결된 메타버스라고 볼 수 있어.

+ 거울 세계 +

거울 세계는 현실 세계를 거울처럼 가상에 그대로 옮겨 놓은 세계를 말해. 〈구글 지도〉나 〈네이버 지도〉를 보면 현실의 지도가 인터넷 속에 그대로 들어가 있지? 더 나아가 현실의 지도 위에서 가상의 정보를 자유롭게 찾을 수 있잖아.

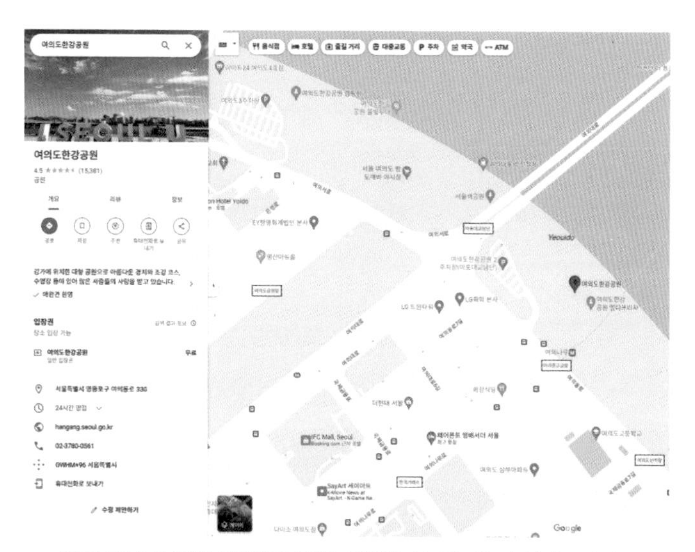

〈구글 지도〉에서 '여의도한강공원'을 검색하면 주변 정보가 함께 표시된다.

예를 들어 볼까? 길을 찾을 때 현재 나의 위치에서 목적지까지 가는 길을 알고 싶다면? 지도 앱으로 검색해 보면 되지! 지도 앱에서는 내가 어디에 있는지 바로 표시되니까 말이야. 현실 세계를 가상 세계로 옮긴 덕분이지. 배달을 시켰을 때도 배달원이 어디쯤 왔는지 앱에서 확인할 수 있잖아. 실제 지도에서 정보를 좀 더 손쉽게 이용하는 거지. 이게 바로 거울 세계야.

+ 가상 세계 +

앞에서 이야기한 〈로블록스〉, 〈마인크래프트〉, 〈제페토〉와 같아. 내가 원하는 모습과 공간을 맘껏 꾸밀 수 있지. **가상 세계**는 나를 대신하는 아바타를 만들어서 현실처럼 생활하는 곳이야. 다른 사람과 어울리며 현실에서는 불가능한 일을 하는 것도 가능해. 메타버스라고 하면 떠올리는 모습은 대부분 가상 세계에 들어가.

이렇게 네 가지 종류로 메타버스를 살펴봤어. 그런데 지금 우리가 사용하고 있는 메타버스는 사실 이 특징을 모두 가지고 있어. 예를 들어 〈제페토〉는 내가 스스로 공간

을 꾸미는 가상 세계라고 했지? 내 아바타를 현실에 가상으로 나타내 주는 증강 현실이기도 해. 동시에 SNS처럼 다른 친구들과의 만남을 공유하는 라이프 로깅이지. 현실 세계를 그대로 나타낸 거울 세계의 요소도 가지고 있고 말이야. 다른 메타버스도 마찬가지야. 메타버스가 발전함에 따라 한 메타버스에 담기는 기능이 점점 다양해지고 있단다.

지금보다 더 커질 거라니!

메타버스는 우리 일상에서 점점 널리 쓰이고 있어. 미래에는 메타버스를 다양한 분야에서 활용할 거야. 우리가 상상하는 것보다 더 많은 곳에서 말이야. 메타버스가 어떤 분야에서 쓰일 수 있는지 살펴볼까?

+ 문화 +

메타버스는 게임, 영화, 음악 같은 엔터테인먼트 산업에서 활용하기 좋아. 가상 공간에서 자유롭게 제작하고 소

비할 수 있거든. 메타버스에서는 사용자들이 직접 콘텐츠를 만들고 공유할 수 있으니까 창작 활동이 더욱 활발해질 거야. 실제 현실에서는 콘서트를 열려면 돈이 많이 필요하잖아. 하지만 메타버스 안에서는 누구나 쉽게 콘서트를 열 수 있어. 영화도 마찬가지야. 영화배우를 섭외하지 않고도 아바타를 이용해서 손쉽게 영화를 만들 수 있지.

메타버스에서 영화라니 못 믿겠다고? 사람들은 이미 〈제페토〉나 〈이프랜드〉에서 영화를 만들고 있어. 예를 들어 〈제페토〉에서 배역마다 아바타를 만든 다음, 대본에 맞는 배경에서 아바타를 움직이는 거야. 그리고 거기에 실제 목소리를 입히는 거지. 배우나 촬영 장소를 따로 구하지 않아도 내가 원하는 장면을 바로 찍을 수 있어. 이제는 누구든지 영화감독이 될 수 있는 거야. 드라마와 영화뿐 아니라 각종 문화 콘텐츠에서 더욱 많은 기회가 생겨나겠지?

+ 사회 +

메타버스는 다양한 사람이 만나고 생각을 주고받을 수 있는 공간을 제공하잖아. 하나의 사회처럼 사람을 연결

하는 역할을 하지. 이 말은 곧 메타버스에서 다양한 문화와 경험을 가진 사용자들이 함께 일할 수 있다는 뜻이야. 이해하기 어렵다고? 자, 같이 일하는 사람들끼리 서로 멀리 떨어져 있다고 해보자. 만나는 것 자체가 어렵겠지? 당연히 같이 일할 수 없을 거야. 메타버스는 그런 제약을 뛰어넘어. 현실과 상관없이 다양한 사람이 모이고 관계를 맺을 수 있지.

코로나19 때문에 화상 회의를 하던 때를 생각해 볼까? 당시 사람들은 서로 떨어져 있는 거리감이 크다 보니 소통하는 데 많은 어려움을 겪었어. 그런데 메타버스는 아바타로 입장한 다음, 현실과 비슷한 공간에서 활동하잖아. 그래서 얼굴을 직접 보는 것처럼 거리감을 훨씬 덜 받는 거야. 특히 같은 자료를 보며 의견을 나누기 좋아. 여러 사람이 함께 모여 문제를 해결할 수 있는 거지. 꼭 만나지 않아도 함께 일할 수 있는 세상이 온 거야.

+ 교육 +

메타버스는 교육 분야에서도 많이 활용될 거야. 가상 공간에서 얼마든지 재미있는 경험을 할 수 있거든. 현장 학

습과 화학 실험은 말할 것도 없지. 예를 들어서 지진이 실제로 어떻게 일어나는지 궁금하다고 해볼까? 지진을 관찰하는 일은 현실에서 무척 위험해. 하지만 메타버스에서는 안전하지. 가상으로 꾸며 놓은 공간에서 안심하고 지층이 이동하는 모습을 살펴보면 되잖아. 위험한 화학 실험도 메타버스 안에서는 여러 번 해볼 수 있어. 각종 화학 물질이 섞여 발생할 수 있는 사고를 메타버스에서는 걱정하지 않아도 되니까. 현실에서는 위험해서 하지 못한 일을 메타버스에서는 자유롭게 할 수 있는 셈이지. 그것도 아주 실감 나게 말이야.

시간 여행도 가능해! 역사 속으로 들어가 그 시대를 직접 체험해 보는 거야. 옛날에는 있었지만 지금은 없어진 건물이나 가게가 많잖아. 하지만 메타버스에서는 과거 공간을 그대로 구현할 수 있어. 과거로 돌아가서 온전히 옛사람처럼 살아 볼 수 있다면 어때? 멋지지? 우리 조상들이 살던 시대를 더욱 생생하게 알아볼 수 있을 거야. 마치 타임머신을 타고 과거로 돌아간 것처럼 말이야.

가상 공간에서 진행하는 수업은 공간이나 시간 같은 제약을 받지 않아. 내가 원하는 곳에서, 원하는 시간만큼 수업을 들을 수 있지. 여기에 증강 현실 같은 기술이 더해지면 더욱 현실감 넘치는 수업이 가능하겠지?

+ 전자 상거래 +

메타버스는 인터넷 쇼핑 같은 전자 상거래에 있어서도 중요한 역할을 하게 될 거야. 오늘날 우리는 물건을 살 때 인터넷 쇼핑몰을 자주 이용해. 사진만 보고 물건을 고르지. 반면에 메타버스에서는 사용자가 아바타로 제품을

메타버스에서는 내 체형과 비슷한 아바타에게 옷을 입혀 볼 수 있다.

직접 경험할 수 있어. 우리가 매장에서 옷을 실제로 입어 보고 사는 것처럼 말이야.

옷뿐만이 아니야. 다양한 물건을 미리 만져 보고 살 수 있지. 컴퓨터 같은 전자 기기도 메타버스에서 기능을 직접 시험해 보고 구매할 수 있어. 판매하는 사람은 물건이 고장 나거나 상할 염려가 없으니 좋고, 구매하는 사람은 눈치 보지 않고 물건을 시험해 보니 좋은 거지. 쇼핑의 개념이 뒤바뀌는 거야.

+ 경제 +

마지막으로 메타버스는 새로운 경제를 만들어 낼 거야. 그동안 광고는 TV나 인터넷에서 띄워 주는 대로 봐야만 했어. 하지만 메타버스 안에서는 사용자가 직접 경제 활동에 참여해. 다른 사람에게 물건을 사고팔 수 있지. 지금까지는 가게가 있어야 물건을 팔 수 있었어. 하지만 메타버스 안에서는 내가 만든 것을 바로 올려서 팔기만 하면 돼. 그러니 맘만 먹으면 누구나 물건을 팔 수 있어.

또 그동안 물건을 만드는 데는 많은 시간과 돈이 필요했어. 가게를 얻어야 하고, 물건을 미리 갖춰 놓아야 했

지. 홍보도 해야 하고 말이야. 그런데 메타버스는 가상 세계잖아. 말 그대로 가상의 공간을 이용하고, 물건도 쉽게 만들 수 있지. 홍보도 마찬가지야. 현실 세계에서는 현수막이나 전광판처럼 정해진 자리에서만 광고가 가능해. 하지만 메타버스는 건물이나 나무 같은 가상의 환경에도 광고할 수 있지. 심지어 허공에 문자를 띄울 수도 있어. 더 쉽고 효과적인 광고가 가능한 거야. 물건을 만드는 것, 파는 것까지 누구나 할 수 있는 세상이 오는 거야.

메타버스가 얼마나 커질지 궁금하지? 메타버스의 변화에 따라 우리의 삶도 점점 바뀔 거야. 현실과 연결된 가상 세계의 이야기가 펼쳐지는 순간, 메타버스가 얼마나 더 발전할지 기대해도 좋아!

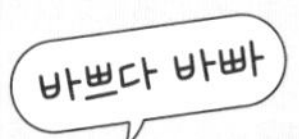

메타버스

가상, 초월을 뜻하는 메타meta와 세계를 뜻하는 유니버스universe를 합친 말로 가상 세계를 뜻함

증강 현실

실제 현실에 가상 정보를 덧씌우는 기술

예) 〈포켓몬 고〉

라이프 로깅

일상과 연관된 모든 활동을 가상 공간에 데이터로 기록하는 것

예) 인스타그램, 트위터, 틱톡

거울 세계

현실 세계를 거울처럼 가상에 그대로 옮겨 놓은 세계

예) 〈구글 지도〉, 〈네이버 지도〉

가상 세계

나를 대신하는 아바타를 만들어서 현실처럼 생활하는 가상 공간

예) 〈로블록스〉, 〈마인크래프트〉, 〈제페토〉

2장
메타버스가
오래된 미래라고?

미래인데
오래됐다니?
다 이유가
있지!

역시
요즘 기술!
진짜
눈앞에서
춤추는 것
같잖아?
메타버스가
'요즘 기술'은
아니야!
거짓말!
컴퓨타 소식
「가상現實」
1990년대에도
있었어.
어느 날
짠! 하고
나타난 게
아니라고.

엄마 아빠도 메타버스를 썼다고?

메타버스라는 말은 언제 처음 사용했을까? 바로 1992년이야. SF 소설인 《스노 크래시》Snow Crash에서 메타버스란 말이 처음 나왔어. 가상과 현실이 합쳐진 세계에 대한 이야기였지.

책에서 메타버스는 사람들이 주로 시간을 보내며 경제 활동을 하는 곳이었어. 주인공은 미로 같은 도시에서 남몰래 음모를 파헤치지. 가상과 현실의 융합, 다양한 경

1992년 《스노 크래시》의 표지

제 활동, 가상 세계의 문제점을 다루었는데 오늘날 메타버스의 모습과 유사한 점이 많아. 메타버스의 시작이라고 볼 수 있지.

메타버스라는 말이 처음 등장한 게 1992년이면 상상이 현실이 된 건 언제부터일까? 실제로 메타버스가 우리 앞에 나타난 건 1990년대 후반으로 볼 수 있어. 바로 게임으로 말이야. 〈포트리스〉는 1990년대 후반에 출시된 온라인 게임이야. 사용자들은 다양한 종족과 직업을 선택한 다음, 가상 세계에서 모험을 즐길 수 있었지. 그래픽이나 조작 기능은 물론 지금보다 떨어졌지만 다른 사람과 소통하는 게 가능했어. 그 점에서 메타버스의 초기 모델을 보여 줬다고 할 수 있지.

그럼 메타버스가 우리 눈앞에 짠! 하고 나타난 건 언제일까? 우리에게 익숙한 모습으로 말이야. 최근이라고 생각하겠지만 놀랍게도 20년 전이야. 2003년에 나온 〈세컨드 라이프〉라는 게임이지. 〈세컨드 라이프〉 사용자들은 아바타를 만들고 가상 세계에서 다른 사용자들과 만나 대화했어. 땅을 사서 건물을 짓거나 상점을 운영할 수도 있었지. 오늘날 메타버스의 모습과 비슷하지?

〈세컨드 라이프〉에서 사용자들이 만나 대화를 나누고 있다.

1990년대부터는 VR 기기가 널리 퍼지기 시작해. 일반 사용자들도 VR 기기를 사용하면서 가상 세계가 눈앞에 펼쳐지는 경험을 하게 됐지. 물론 지금 같은 기술은 당시에 없었지만 가상 세계를 접할 수 있다는 점이 사람들의 눈길을 끌었어. 메타버스의 개념도 점점 뚜렷해졌지. 사실 메타버스는 증강 현실이나 가상 현실 같은 기술이 함께할 때 더욱 빛이 나. 잠깐, 가상 현실이 뭐냐고? 증강 현실이 우리가 실제로 보는 세계에 가상의 요소를 덧씌우는 기술이라는 건 이미 알지? **가상 현실**VR은 완전히 새로운 가상의 세계를 만들어 내는 기술이야. 내가 있는 현실과는 다른 모습을 보여 주지. 놀라운 점은 또 있어. VR 기기를 착용하면 그 안에 있는 센서가 동작을 인식해서 거기에 맞는 화면을 보여 줘. 마치 가상 세계에 들어와 있는 것처럼 말이야. 놀이공원에서 진짜 롤러코스터를 타는 것처럼 느끼게 하거든. 가상 세계에 완전히 몰입할 수 있는 거지. 최근 들어 VR 기기에 대한 관심이 높아지고 있어. 여름 바닷가나 유명 관광지 등 VR 콘텐츠도 훨씬 다양해지고 있지.

메타버스가 예전부터 있었다면 그동안 메타버스를 잘 사용하지 않았던 이유는 뭘까? 이유를 따지자면 느린 인터넷 속도와 몰입감을 떨어뜨리는 컴퓨터 그래픽의 문제가 컸어. 많은 사람이 메타버스를 낯설어하며 두려워한 것도 한몫했지. 그러다가 코로나19로 외부 활동이 어려워진 거야. 그때부터 사람들이 메타버스를 적극적으로 활용하기 시작했어. 결국 메타버스에 흥미를 가지게 되었고 말이야.

메타버스는 사람들을 서로 이어 줬어. 메타버스 안에서 다양한 사람을 만나 경제 활동도 할 수 있지. 현실에서 이루어지는 일이라면 메타버스 안에서도 가능했어. 결국 현실과 가상의 경계가 조금씩 흐릿해졌지.

메타버스는 이제 사회에서 하나둘씩 그 영역을 넓히고 있어. VR 게임, VR 체험 공간 등은 더 이상 낯선 말이 아니지. 많은 메타버스 플랫폼이 SNS처럼 가상 공간에서 만나 소통할 수 있는 환경을 만들고 있고 말이야. 메타버스에서 이뤄지는 경제 활동도 커지고 있어. 사실 초기에는 메타버스에서 거래하기가 매우 불편했어. 메타버스에서 번 돈을 진짜 돈으로 바꾸는 것조차 어려웠지. 그런데 지금은 기술의 발달로 디지털 자산 거래, 가상 화폐 등을 쉽게 볼 수 있지? 덕분에 메타버스에 가상 상점이 들어서고 개인 거래도 활발해졌어.

메타버스는 지금도 계속해서 발전하고 있는 개념이야. 과거에는 게임 수준에 머물렀다면 요즘은 다양한 분야에서 메타버스를 만날 수 있지. 예를 들어 공연이나 전시회, 쇼핑, 학교 수업 등에 다양한 방식으로 메타버스를 활용하고 있어. 이러한 기술은 미래 사회에서 더욱더 중요한 역할을 할 거야. 부모님이 사용하던 메타버스와는 완전히 다른 의미에서 말이야.

각종 행사가 메타버스에서 열리고 있다고 한 말 기억나지? 코로나19로 축제나 공연을 보러 가지 못하니까 메타버스에 그런 공간을 만들어서 즐기기 시작했다고 했잖아. 여기서는 코로나19 상황에서 메타버스가 어떻게 쓰였는지 좀 더 자세히 살펴볼게. 알다시피 그동안 사회적 거리 두기로 집에 있어야 했던 사람들은 혼자라는 느낌을 크게 받았어. 그러다가 결국 방법을 찾아냈으니 바로 메타버스였지!

2020년 4월, 미국의 래퍼인 트래비스 스콧은 〈포트나이트〉에서 팬 3,000만 명을 위한 콘서트를 열었어. 반응은 뜨거웠지. 공간의 배경을 바꿔 공연에 온 사람들을 우주로 데려갔다가 돌아오기도 하고, 엄청나게 커진 스콧이 노래하는 모습을 볼 수 있었거든. 메타버스였기 때문에 실제 콘서트보다 다양하고 새로운 시도가 가능했지. 무엇보다 관객들이 좋아했어. 콘서트 티켓을 구하려고 경쟁하지 않아도 됐으니까. 공연 당일에 각자 집에서 편한 옷을 입고 편한 자세로 즐기면 끝이지. 그것도 누구나 맨 앞줄에서 보듯이 말이야.

특별한 전시회도 열렸어. 작품이 가상의 부스에 전시되면 관람객들이 돌아다니며 감상하는 거야. 머릿속으로만 상상했던 일도 얼마든지 가능해. 가까이에서 작품을 만지며 이리저리 살펴볼 수 있고, 작품에 대한 설명도 바로바로 찾아볼 수 있지. 특히 미술품은 분실이나 파손 문제가 끊이지 않잖아. 하지만 메타버스에서는 그럴 걱정이 없어. 심지어 패션쇼도 열렸다니까! 아바타가 모델처럼 멋지게 런웨이를 하며 디자이너의 옷을 선보였지.

진짜 미술관에 온 것처럼 자유롭게 돌아다니며 작품을 감상하는 아바타들

콘퍼런스나 비즈니스 모임은 어떻고? 많은 회사가 코로나19 때 메타버스를 업무에 활용하려고 시도했어. 실제 한 회사는 신입 사원 연수를 메타버스에서 진행했지. 진짜 사무실을 본뜬 가상의 공간에서 말이야. 덕분에 신입 사원들은 첫 출근 전에 회사가 어떤 곳인지 미리 체험해 볼 수 있었어.

이번에는 학교에서 메타버스를 어떻게 활용했는지 볼까? 메타버스 덕분에 학생들은 더욱 흥미로운 학습 경험을 갖게 됐어. 실제 교실과 비슷한 가상 교실에서 말이야. 코로나19 때문에 직접 만날 수는 없었지만 학생들이 나서서 공간을 꾸밀 수 있으니 훨씬 재미있는 수업 참여가 가능했지. 수업이 끝나면 내가 만든 공간에 친구들을 초대해 서로를 알아 가기도 하고 말이야.

이런 것까지 가능하다니!

요즘은 메타버스에서 가상 여행을 떠나기도 해. 각종 체험과 여행이 메타버스 안에서 이루어지지. 바다가 보고 싶으면 바다가 배경인 메타버스로 가고, 산이 보고 싶으면 산이 배경인 메타버스로 가면 돼. 코로나19로 여행을 떠나기 어려운 상황에서 사람들이 경험한 메타버스는 놀라움 그 자체였어. 내가 편하게 누워 있는 방 안에서 순식간에 다른 곳으로 갈 수 있다는 점이 정말 매력적이었거든.

전문가와의 심리 상담도 이제는 메타버스에서 가능해. 심리 상담은 특히 사람과 사람의 관계가 중요하잖아. 메타버스에서는 상담사가 좀 더 가까이 있다는 느낌이 들다 보니 상담이 훨씬 원활하게 진행될 수 있거든. 특히 메타버스에서는 나를 드러내지 않아도 되어서 반응이 좋아. 아바타가 나를 대신하니까 내가 누구인지 밝힐 필요가 없지. 민감한 이야기를 하거나 개인정보를 보호하는 데 도움이 되는 거야. 상담사를 찾아오지 못할 만큼 멀리 사는 사람도 문제없어. 시간과 장소를 신경 쓰지 않고 자신의 일정에 맞게 상담을 받을 수 있지. 또 상담사와 더 깊은 상담이 가능해졌어. 온라인에서 화면으로 만나는 것과는 달리 메타버스에서는 내 개인정보를 보호하는 동시에 현실에 함께 존재하는 듯한 느낌을 줘. 덕분에 이용자가 상담 과정에 좀 더 적극적으로 참여할 수 있지.

가상 상점도 속속 등장하고 있어. 메타버스 안에서도 쇼핑을 즐길 수 있게 상점을 세우는 거지. 물론 그전에도 이런 시도가 없었던 것은 아니야. 사람들의 흥미를 끌지 못했을 뿐이지. 지금도 눈으로 보고 사야 하는 물건을 살 때는 가게에 가고, 그러지 않아도 되는 물건을 살 때는 인터넷 사이트를 찾곤 하잖아. 그런데 사람들이 메타버스에서도 물건을 비교해 보고 살 수 있다는 것을 알게 된 거지. 가상의 점원에게 제품 상담을 받을 수 있고, 물건을 자세히 확인할 수도 있어. 마치 가게에서 물건을 직접 사는 것처럼 말이야.

메타버스에서는 이처럼 코로나19라는 위기를 극복해 보려는 시도가 정말 많이 일어났단다. 그래서 메타버스를 몰랐던 사람, 한 번도 써보지 않았던 사람들도 메타버스를 경험하게 됐어. 다양한 분야에서 메타버스를 어떻게 활용하면 좋을지 고민하고 시도한 덕분이야. 이전에는 기술이 뒷받침되었어도 실천에 옮기기 어려웠는데 놀랍지? 메타버스를 경험한 사람들은 앞으로 또 어떻게 메타버스를 사용하게 될까?

메타버스 따라 우리 일상도 변신!

메타버스는 우리 일상에 어떤 변화를 가져올까? 먼저 자동차의 변신이 있지. 메타버스 이야기를 하다가 갑자기 웬 자동차냐고? 앞으로 자율주행 자동차를 쓰기 시작하면 자동차가 곧 메타버스 공간이 될 것이기 때문이야. 지금은 사람들이 차를 몰 때 다른 행동을 하기가 어려워. 운전에 집중해야 하니까. 음악이나 라디오를 듣는 게 고작이지. 그런데 자동차가 스스로 판단해 운전하는 자율주행 기술이 개발되면 운전자가 할 일은 크게 줄어들어. 자동차가 단순한 이동 수단에서 사람들이 개인 시간을 갖는 공간으로 넓어지는 거야.

지금은 자동차를 타면 운전석 앞의 계기판에 운전에 필요한 정보가 표시돼. 그 옆에는 길을 알려 주는 내비게이션도 있지. 그런데 자동차 앞쪽이 점차 TV 화면처럼 바뀌고 있어. 화면이 이전보다 커지는 만큼 더 많은 정보를 표시할 수 있지. 덕분에 사람들은 운전 말고도 다양한 일을 차 안에서 처리할 수 있게 돼. 운전을 직접 하지 않아도 되니 자동차는 나만의 움직이는 작업실이 되는 거야. 예를 들어 자동차에서 인터넷에 접속해 물건을 살 수 있어. 화상 회의로 업무를 지시하거나 수업을 들을 수도 있지. 모두 자율주행 시스템이 운전을 도맡는다면 가능한 일이야.

자, 이제 자율주행 시스템이 메타버스로 연결된다고 생각해 봐. 자동차 안에서 메타버스를 똑같이 이용하는 거지. 이동하는 시간에도 메타버스로 출근해서 일을 하고, 가상의 매장에서 쇼핑을 할 수 있어. 과연 앞으로 어떤 일이 벌어질까? 나중에는 지금처럼 대도시에 모여 살 이유가 없어질 거야. 출퇴근이나 대형 쇼핑몰 같은 시설

LG전자가 고정밀 지도 기업과 개발 중인 자율주행 자동차의 모습

때문에 꼭 대도시에 살지 않아도 되니까. 메타버스가 어떻게 발전하느냐에 따라 우리가 살아가는 모습이 이렇게나 많이 달라져.

가게의 모습도 바뀔 거야. 우리는 옷을 사러 가면 옷을 고르고 입어 보는 데 많은 시간을 써. 메타버스 안이라면 아바타가 나 대신 옷을 입어 볼 수 있지. 내 사진을 넣어서 나에게 잘 어울리는 옷인지도 확인할 수 있고 말이야. 현실에서만 가능했던 쇼핑이 메타버스에서도 대부분 가능해진 셈이지. 이렇게 되면 실제 가게는 메타버스 속 가상의 가게와 별다를 게 없어. 오히려 가상의 가게에 밀리지 않으려면 메타버스에서는 줄 수 없는 경험을 줘야만 하지. 어쩌면 나중에는 현실에서 가게를 찾아보기 어려울지 몰라. 옷 가게뿐 아니라 문구점이나 서점도 마찬가지야. 지금도 택배로 물건을 많이 주문하잖아. 메타버스를 활용한 서비스가 늘어나면 가게에서 물건을 사는 일은 더욱더 줄어들겠지.

공연 쪽에서도 많은 변화가 나타나고 있어. 유명한 아이돌 가수의 콘서트를 가려면 티켓을 예매하기 위해 컴퓨터 앞을 지키고 있어야 해. 가고 싶은 사람은 많은데 자리는 그만큼 많지 않으니까 말이야. 그런데 메타버스에서는 자리가 거의 무한대야. 누구나 똑같이 맨 앞줄에서 콘서트를 볼 수 있어. 관객으로서 콘서트에 참여하는 것은 물론이고, 아이돌 가수가 언제든 내가 좋아하는 모습으로 변신할 수 있지. 우주나 바닷속에서 콘서트를 여는 것도 가능해. 그동안 공연을 보려면 우리가 직접 공연장을 찾아가야만 했어. 하지만 이제는 공연장에 가지 않아도 공연이 우리를 찾아오게 될 거야.

방구석에서 학교에 간다면?

요즘은 학교에서 메타버스를 다양하게 활용하고 있어. 예를 들어 학교 수업에서 쓰는 디지털 교과서도 메타버스야. 교과서를 디지털로 바꿔서 올려 둔 거지. 디지털 교과서를 활용하면 개념을 더 쉽게 이해할 수 있어. 예를 들어 별자리를 관찰하는 데 가상 현실을 활용하는 거야. 우리가 학교에서 공부하는 시간은 낮이기 때문에 별을 볼 수 없잖아. 그런데 디지털 교과서에 가상 현실을 활용하면 낮에도 별을 관찰할 수 있어. 또 화산 폭발을 실제로 실험하려면 위험하잖아. 약품을 다룰 때 눈에 튈 수도 있고, 잘못 넣으면 폭발할 수도 있으니까. 이때는 증강 현실을 활용하면 돼. 실제 실험 결과를 눈앞에서 확인하고, 학생들 스스로 여러 방법을 시도할 수 있거든.

교육부와 한국직업능력개발원에서도 메타버스 〈젭〉을 이용해 진로를 탐색할 수 있도록 했어. 〈젭〉에는 창업, 창직 체험관부터 홀랜드의 진로 흥미 검사를 기준으로 한 직업체험관까지 여러 공간이 마련되어 있지. 고교학점제, 중학교 자유학기제, 나의 강점 찾기, 꿈을 찾기 위한 계획 세우기 등 맵도 다양해. 〈젭〉에서 퀴즈를 하나씩 풀며 미션을 해결하다 보면 자연스럽게 진로를 탐색할 수 있지. 내 아바타가 이리저리 움직이며 각종 정보를 찾는 과정에서 다양한 직업 세계에 대해 알게 돼.

인천시 교육청에서도 인천사이버진로교육원을 메타버스로 열기도 했어. 1:1 온라인 화상 멘토링, 커리어넷과 워크넷에서 제공하는 적성 검사를 해볼 수 있지. 가상의 교실이 있어서 화상으로 수업도 가능해. 가상 현실로 다양한 회사에 입사해서 직업을 체험해 볼 수 있고 말이야.

교육부와 학교안전공제중앙회는 재난 훈련을 받을 수 있는 공간을 〈제페토〉에 만들었어. 실제 지진이 났을 경우 교실에서 어떻게 대피해야 하는지를 〈제페토〉에서 훈련하는 거지. 불이 났을 때는 어떻게 불을 끄고 대피해야 하는지 모두 메타버스에서 체험해 볼 수 있어.

서울시 교육청에서는 서울의 명소를 돌아다니며 수학을 공부하는 메타버스를 열기도 했어. 바로 〈서울 수학 학습 메타버스〉SEMM야. 수업 시간에도 활용할 수 있지. 광화문 광장, N서울타워, 동대문디자인플라자 등 서울의 명소가 모두 들어가 있어서 건축과 관련된 수학을 공부할 수 있단다. 수학 게임과 미션을 즐기다 보면 재미있게 수학을 공부할 수 있지.

외국에서도 메타버스를 활용하려는 움직임이 활발해. 미국의 온라인 교육 사이트인 아메리칸 하이스쿨에서는 메타버스를 이용한 프로그램을 진행하고 있어. 사기업인 퀄컴, 빅토리XR과 만든 '국제 VR 고등학교'라는 프로그램이지. 실제로 아메리칸 하이스쿨의 3개 반이 가상 캠퍼스에서 시범 수업을 진행했어. 학생과 교사는 가상 교실에 모여 실제로 만난 것처럼 수업했지. 생물 시간에는 인간의 장기를 3차원 이미지로 관찰했대. 화학 시간에는 실감 나는 분자 모형을 함께 살펴보며 분자의 구성을 배웠지. 역사 시간에는 과거의 역사 현장을 함께 견학하고 말이야. 누구보다 학생들에게 가장 재밌고 유익한 시간이었겠지?

메타버스는 이처럼 시간과 공간의 제약을 뛰어넘기 때문에 굉장히 많은 일이 가능하단다. 앞으로 더 다양하고 재미있는 교육용 메타버스가 개발될 거야. 가상 세계에서 공부를 하는 경험이 색다르고 재미있을 것 같지? 메타버스가 교육 현장에 어떤 변화를 가져올지 사람들의 관심도 높아지고 있단다.

메타버스 시대를 향한 준비

지금까지 메타버스가 발전하면서 우리 사회가 어떻게 달라지고 있는지 배웠어. 이 변화는 앞으로도 계속될 거야. 그래서 사람들은 변화에 대비해 다양한 준비를 하고 있어. 먼저 메타버스 관련 법안을 만들고 있어. 메타버스에

법적인 지위를 부여해서 관리하려는 거야. 이른바 **메타버스 산업 진흥법**이라고 하지. 국회의원이 법안을 발의하면 법안심사소위원회를 통과한 다음, 본회의에 부쳐 결정하게 돼. 메타버스 산업 진흥법도 이 절차에 따라 진행되고 있단다.

메타버스 산업 진흥법이 만들어지면 여러 가지 장점이 있어. 먼저 메타버스 산업이 지금보다 안정적으로 성장하게 될 거야. 기업의 투자와 개발을 북돋우면서 관련 직업도 늘어나겠지. 또 사용자들이 가상 공간에서 활동하는 동안 법의 보호를 받을 수 있어. 개인정보와 권리 보호가 강화되는 거지. 메타버스 안에서 일어나는 불법 거래나 부적절한 콘텐츠의 유통도 막을 수 있어. 마지막으로 우리나라의 메타버스 플랫폼들이 세계 시장으로 진출하기 위한 힘을 키울 수 있지. 이게 다 메타버스 산업이 법이라는 보호를 받을 때 가능한 일이야.

기업들은 어떨까? 점점 더 많은 기업이 메타버스에 주목하고 있어. 메타버스에서는 사용자가 콘텐츠를 만들어 팔면 수익을 얻을 수 있잖아. 그러니 기업마다 이 수익 모델을 얻기 위해 뛰어드는 거야. 기업은 변화에 그때그

때 빠르게 대처해야만 살아남을 수 있어. 메타버스에는 점점 더 많은 사람이 모일 테고, 거기서 보고 들은 게 소비로 이어질 거야. 그러니 미리 다양한 시도를 해보는 게 중요해.

예를 들어 농심은 2022년 〈제페토〉에서 '천하제일 라면 끓이기 대회'를 열었어. 참가자는 가상의 분식점에서 게임하듯이 면을 익히는 정도와 매운맛을 조절하며 나만의 라면을 만들었지. 대회가 끝나고 난 후에는 대회에서 가장 인기 있었던 조리법으로 실제 라면이 출시됐어. 팝업 스토어가 열리기도 했단다. 메타버스에서 만든 라면을 현실에서도 맛볼 수 있게 한 거지. 구찌 같은 명품 브랜드들도 〈제페토〉에서 자사 아이템을 팔았어. 놀랍게도 금세 매진됐다고 해.

공공기관은 지역마다 유명한 관광지를 메타버스에 구현하고 있어. 사람들이 언제든 찾아올 수 있도록 말이야. 덕분에 사람들은 관광지에 직접 가지 않고도 미리 구경하며 정보를 얻을 수 있지. 각 기관을 메타버스에 설립하고 그 안에서 행사를 진행하기도 해. 채용 설명회나 직무 박람회를 열어서 일자리를 구하는 사람들에게 필요한 정보를 제공하는 거지.

아직 시작 단계이지만 얼굴을 마주하지 않아도 되는 비대면 서비스도 확대되고 있어. 동사무소나 시청에 가야 할 일을 메타버스에서 처리하는 거지. 전자 신분증으로 내가 누구인지 증명하고, 발급받은 서류를 전자 지갑에 저장하면 돼. 각종 민원 상담도 메타버스에서 비대면으로 이루어지고 있어. 전화나 문자 채팅이 아니라 앞에 사람을 마주한 것처럼 상담이 가능하지. 이렇게 메타버스 시대를 향한 준비가 차근차근 이루어지고 있단다.

VR 기기, 가짜를 진짜처럼

2018년에 개봉한 스티븐 스필버그 감독의 〈레디 플레이어 원〉이라는 영화가 있어. 영화에서 주인공은 허름한 집에 살고 있지. 하지만 메타버스에서는 아주 멋진 삶을 살아. 현실에서는 꿈도 못 꿀 자동차를 타고 다니고, 원하는 모습으로 순식간에 변신하지. 그런데 주인공이 메타버스 세상으로 들어갈 때마다 착용하는 장비가 있어. 바로 VR

기기인 촉각 슈트야. 촉각 슈트는 입었을 때 촉각이 생생하게 느껴지는 슈트야. 이런 기기가 있다면 현실과 가상을 구분하기 정말 어렵겠지? 메타버스의 최종 목적은 현실과 비슷한 세계의 구현이야. 그래서 촉각 슈트 같은 VR 기기에 대한 연구가 계속 이루어지고 있단다.

VR 기기는 3D 모델링과 함께 연구되고 있어. 3D 모델링은 평면이 아닌 입체적인 모습을 담아내. 주로 게임, 애니메이션, 영화를 제작할 때 써. 메타버스 세상에 사실감을 주기 위해 3차원 공간에서 물건을 구현하려고 하는 거야. 이 3D 모델링을 바탕으로 가상 세계가 만들어지고, VR 기기를 활용해 보여 주는 거지.

VR 기기의 생생한 영상 구현을 위해 디스플레이 기술도 다양한 방면에서 연구되고 있어. 사용자들에게 더 큰 몰입감을 주기 위해서지. 고해상도 디스플레이 개발을 통해 사용자들은 현실과 더욱 비슷한 느낌을 받게 될 거야. 또 시야각을 넓히기 위해 구부러진 곡면 디스플레이도 개발하고 있단다. 가운데가 쏙 들어가고 양쪽 끝이 나오면 사용자의 몰입감이 올라가거든. 안쪽으로 휜 게임용 모니터를 본 적 있지? 그런 모니터를 더 크게 만들기 위해 노력 중이야.

현실 속에 가상의 세계를 불러오기 위해 투명 디스플레이 개발에도 힘쓰고 있단다. 투명 디스플레이는 현실에서 다양한 정보를 투명한 유리 위에 띄워 주는 거야. 영화에서 유리 같은 판에 여러 정보를 띄우고 동시에 다루는 장면을 본 적 있지? 그게 바로 투명 디스플레이야. 이게 자동차 앞 유리에 들어가면 내비게이션이 따로 없어도 운전하는 중에 다양한 정보를 얻을 수 있지. 체험 학습을 할 때도 투명 디스플레이에 나타나는 증강 현실과 함께한다면 더욱 실감 나는 학습이 가능하겠지?

VR 기기 중에서는 메타 퀘스트가 대표적이야. 원래 이름은 오큘러스 퀘스트였는데 '메타'라는 회사가 인수하면서 이름을 바꾸었단다. 처음 듣는 회사라고? 메타는 페이스북이 메타버스 사업에 집중하기 위해 바꾼 이름이야. 같은 회사지! 메타 퀘스트는 눈에 쓰는 헤드셋과 손으로 움직이는 터치 컨트롤러로 이루어져 있어. 장비를 착용하면 눈앞에 다른 세상이 펼쳐지지. 현실에서 몸을 움직이면 가상 공간에서 아바타가 움직여. 눈과 손에만 장비를 착용하다 보니 아직은 아바타가 가상 세계에서 상반신만

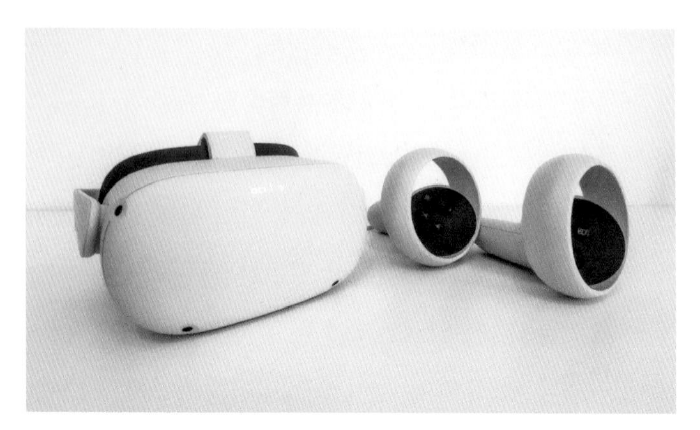

VR 헤드셋과 터치 컨트롤러를 제공하는 메타 퀘스트 2

보이지. 하반신까지 내려다볼 수 있는 장비가 곧 개발된다면 더욱 실감 나는 체험이 가능해질 거야.

다른 예로 비전 프로가 있어. 비전 프로는 최근 애플에서 개발한 VR 기기야. 비전 프로를 착용한 사람에게 가까이 다가가면 기기가 투명해진 것처럼 사용자의 두 눈이 그대로 보인다고 해. 물론 사용자는 주변 사람을 아무런 방해 없이 볼 수 있지. 그런데 사실 비전 프로가 투명해지는 게 아니야. 기기 안팎에 달린 카메라 센서와 디스플레이가 투명한 것처럼 보여 주는 거지.

VR 기기를 착용하면 내가 있는 곳이 언제든 저 멀리

빙하가 있는 북극이나 사막이 될 수 있어. 머지않아 진짜 보다 더 진짜 같은 가상 세계를 마주하게 될 거야.

AR 글라스, 현실을 더 풍부하게

AR 글라스는 증강 현실이 적용된 안경이야. 〈포켓몬 고〉를 할 때 스마트폰 카메라에 포켓몬이 나타나는 것처럼 안경에 증강 현실이 덧씌워져 보이는 거지. 공장에서는 벌써 AR 글라스를 사용하고 있어. AR 글라스를 쓰면 설계도나 작업 순서를 그때그때 확인할 수 있지. 부품이 어떻게 조립되는지, 지금은 어느 위치에 들어가야 하는지 말이야. 작업하는 사람은 AR 글라스를 보고 거기에 맞춰 부품을 조립하면 끝이야. 덕분에 작업 속도는 빨라지고 정확도는 높아져.

AR 글라스는 의료 분야에서도 기대가 커. 수술 중에 AR 글라스를 착용하면 실시간으로 의료 정보를 공유할 수 있거든. 수술실에서도 환자의 검사 결과를 바로 전달받아서 빠른 대처가 가능해지는 거야. 스포츠 경기에서도

평범한 안경처럼 보이지만 안경알에 가상 정보가 표시되는 AR 글라스

선수가 멀리 떨어져 있는 감독의 지시를 바로 알아들을 수 있겠지? 그동안 작전 시간에 미리 이야기하거나 경기 중에 소리를 질러 지시를 전달하던 모습은 사라질 거야.

여행을 할 때도 지도를 일일이 확인하지 않아도 돼. AR 글라스가 내비게이션처럼 알려 주는 대로 따라가면 되니까. 다른 나라의 언어를 배우지 않아도 대화가 가능해질 거야. 음성인식을 통해 번역한 말을 AR 글라스가 띄워 줄 테니 말이야. 각자 자신의 언어로 말을 해도 뜻이 통하겠지? 말을 하지 못하는 사람도 AR 글라스만 있으면 대화하기 훨씬 편해질 거야. AR 글라스가 상대방이

하는 말을 모두 문자로 옮겨 주면 되니까. 정말 놀랍지? 메타버스가 발전할수록 현실과 가상의 경계가 사라지고, 그동안 불편했던 점들이 엄청나게 좋아질 거란다.

인공지능이 날개를 달아 준다고?

현재 활발하게 이루어지고 있는 인공지능 연구도 메타버스에 날개를 달아 줄 거라 이야기해. 인공지능 분야에서 많은 발전이 이루어지고 있거든. **인공지능**AI이란 인간의 지적인 능력을 인공적으로 구현하는 기술이야. 쉽게 말하면 기계가 스스로 학습하는 거지. 인공지능은 사람이 하는 작업을 훨씬 빠르게 처리할 수 있어. 메타버스가 발전하는 데도 도움을 주지. 인공지능을 활용하면 프로그램을 구성하는 코드를 훨씬 빠르게 짤 수 있거든. 그림이나 영상을 더욱 자연스럽게 만들어 주는 건 물론이야.

생성형 인공지능은 글이나 그림을 생성해 주는 인공지능이야. 그동안 사람만 할 수 있다고 생각했던 창작이 가능하지. 챗GPT라고 들어 봤지? 우리가 대화를 하듯이

사람이 그렸다고 믿을 만큼 상상력이 돋보이는 〈스페이스 오페라 극장〉

질문하면 질문의 뜻을 이해하고 원하는 답을 바로 이야기해 주잖아. 사람도 대답하기 어려운 질문에 척척 답을 내놓지. '미드저니'라는 인공지능을 활용해서 그린 그림인 〈스페이스 오페라 극장〉은 콜로라도 주립박람회 미술대회에서 1등을 차지하기도 했어!

이 생성형 인공지능이 메타버스랑 무슨 상관이냐고? 생성형 인공지능을 활용하면 메타버스 세상을 훨씬 빠르게 구축할 수 있거든. 가상 콘텐츠를 생성하는 데 도움이 되기 때문이야. 메타버스에 가상 환경, 건물, 도시, 캐릭터 등을 자동으로 만들 수 있으니까 말이야.

우리는 대화할 때 같은 언어를 써. 한국인이면 한국어를, 미국인이면 영어를 써서 이야기를 나누지. 만약 컴퓨터와 대화하고 싶다면? 사람이 컴퓨터의 언어를 써서 말해야 해. 0과 1이라는 숫자로 말이야. 그런데 생성형 인공지능은 사람이 하는 말을 컴퓨터의 언어로 바꿀 수 있어. 사람과 대화가 가능한 만큼 수정이 무척 빠르지. 사람과 자연스럽게 대화를 나누면서 원하는 이미지나 프로그램 코드를 짜고 수정하는 거야! 이뿐 아니라 메타버스에서 활용할 각종 자료도 손쉽게 만들 수 있단다. 생성형 인공지능을 활용하면 VR 기기에 필요한 3D 모델링도 쉽게 작업할 수 있어. 생성형 인공지능은 메타버스 시대를 더 빨리 앞당길 거야.

그런데 사실 인공지능의 가장 큰 목적은 데이터를 모아 분석하고 그에 맞는 결과를 내놓는 거야. 생성형 인공지능처럼 직접 작품을 만드는 것 말고도 사용자의 취향과 행동을 데이터로 만들어 분석하지. 사용자의 관심사와 선호하는 스타일 등을 파악하면 그에 맞는 정보를 제공할 수 있거든. 사용자는 메타버스 안에서 자신이 원했던 경험을 즐길 수 있고, 기업은 사용자에게 맞춤한 광고를

할 수 있는 거야. 완전히 새로운 세계가 열리는 거지.

예를 들어 내가 물고기를 보려고 계속 바닷속 공간에 머무른다고 해볼까? 그러다 보면 메타버스에서 바다, 물고기가 있는 배경이나 콘텐츠가 내게 계속 보이는 거야. 보통 사용자가 검색한 결과가 쌓여 데이터가 되는데 메타버스 세상에서는 어떤 공간에 좀 더 머물렀는지만 가지고도 데이터가 만들어져. 바닷속 물고기를 보느라 바다에 계속 머물면 물고기 모양의 아바타 장식품을 띄워주는 거지. 결국 데이터에 따라 사용자의 특징에 맞는 메타버스 생활이 가능해질 거야. 이제 인공지능이 메타버스 세상에 날개를 달아 준다는 게 무슨 말인지 알겠지?

디지털 트윈 추가요!

과거부터 현재까지 메타버스가 사용되는 모습을 살펴보니 그동안 있었던 변화가 눈에 띄지? VR 기기, AR 글라스, 인공지능 같은 각종 기술이 더해지면서 메타버스는 현실과 더욱 비슷해질 거야. 어쩌면 미래에는 현실보다 더 나은 세계가 만들어질지 몰라.

디지털 트윈이라고 들어 봤니? **디지털 트윈**은 현실 세계에 있는 물체나 건물을 디지털로 구현한 거야. 현실과 똑같은 물리 법칙의 적용을 받기 때문에 모의실험도 가능하단다. 예를 들어 하수구 공사를 한다고 해볼까? 현실에서는 하수구 공사를 하다가 실수가 나오면 그만큼 더 많은 돈과 시간을 써야 해. 하지만 현실의 물리 법칙이 그대로 적용된 디지털 트윈에서는 실수가 나오더라도 금방 바로잡을 수 있어. 덕분에 실제로 공사할 때는 실수가 줄어들지. 이처럼 메타버스가 발전할수록 많은 시간과

석유를 생산하는 굴착 장치도 디지털 트윈에서 미리 설계해 볼 수 있다.

비용을 줄일 수 있게 될 거야.

디지털 트윈을 활용하면 공장에서 물건을 생산하는 데 드는 시간도 크게 줄일 수 있어. 공장에서는 물건을 만들기 위해 효율적으로 기계를 배치해야 돼. 그런데 그전에 디지털 트윈으로 기계를 미리 배치해 볼 수 있다면 어떨까? 훨씬 짧은 시간에 좋은 배치도를 짤 수 있겠지? 중력, 마찰력 등 현실의 물리 법칙이 디지털 트윈에도 똑같이 흐르기 때문에 안전사고가 날 위험도 낮아져. 현실에서 직접 해보지 않으면 알 수 없는 일을 적은 비용과 시간으로 시험해 볼 수 있는 거야.

메타버스는 이렇게 지금과는 다른 산업 생태계를 만들어 가고 있어. 이러한 산업 생태계는 미래 사회에서 많은 돈을 벌 수 있는 영역으로 자리 잡을 거야. 그에 따라 새로운 직업이 생기고, 그 안에서 기회를 찾는 사람도 늘어나겠지. 쭉 살펴보니 앞으로 세상이 더 편리해질 거라는 생각이 들지? 지금은 상상도 할 수 없는 모습으로 말이야. 가상에서의 나와 현실에서의 나가 연결되고, 누구나 어디서든 활동이 가능해지는 거지. 메타버스가 바꾸어 놓을 세상이 벌써 기대된다!

요점만 싹둑! 공부 절취선

《스노 크래시》

1992년에 메타버스라는 말을 처음 쓴 SF 소설

가상 현실

완전히 새로운 가상의 세계를 만들어 내는 기술

메타버스 산업 진흥법

메타버스 산업을 보호하고 발전시키기 위한 법안

AR 글라스

증강 현실AR이 현실에 투영되는 안경

인공지능

인간의 지적인 능력을 인공적으로 구현하는 기술

생성형 인공지능

글이나 그림 등을 창작하는 인공지능

디지털 트윈

현실 세계에 있는 물체나 건물을 디지털로 구현한 것

3장
NFT, 블록체인과 합체!

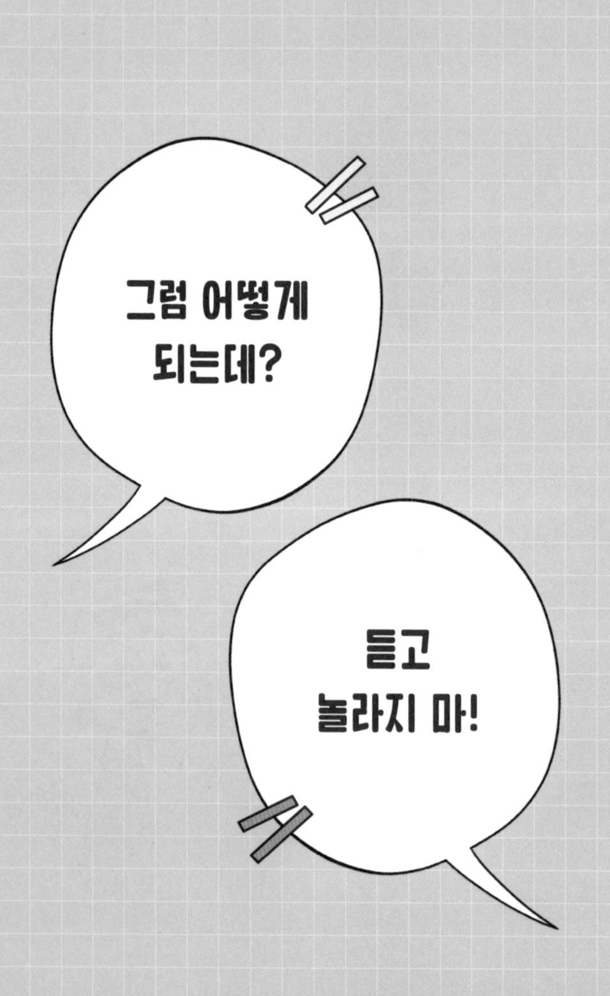
그럼 어떻게 되는데?
듣고 놀라지 마!

뭐해?
용돈 벌고
있어!
그림으로?
그걸 어디에
팔게?

NFT로 올릴거야.
세상에 딱 하나면
가치를 높게
쳐주거든.
ONE
₩10.000.000
대박!
나도 할래,
나도!

NFT와 블록체인은 또 뭐야?

NFT는 'Non-Fungible Token'의 줄임말이야. 우리말로는 대체 불가능한 토큰이지. 여기서 토큰은 디지털 세상에서 사용되는 아주 작은 조각이라고 생각하면 돼. 이 조각들은 특정한 정보를 나타내고, 그 정보를 디지털 형태로 컴퓨터에 저장해 둬. 예를 들어 온라인 게임에서 아이템을 살 때 토큰을 사용할 수 있어. 비트코인 같은 가상화폐를 거래할 때도 토큰을 사용하는 거야. 그런데 이런 토큰 중에서도 NFT는 유일하고 독특한 가치를 지니고 있어. 영상, 음악, 게임 아이템, 디지털 예술 작품이 여러 개 있지 않고 하나밖에 없다는 사실을 나타내거든. 디지털 세계에서 유일하다는 것을 증명해 주는 거지. 그래서 NFT를 대체 불가능하다고 말하는 거야.

우리 눈앞에 그림이 하나 있다고 생각해 보자. 이 그림을 그린 화가는 자신의 작품이라는 사실을 증명하기 위해 그림에 서명을 하거나 자신만 아는 표시를 해놓을 거야. 자기 작품의 가치를 올리기 위해서 번호를 써놓기도 하지. 작품 10개 중에서 세 번째라고 말이야. 그런데

캐릭터에 고유성을 부여한 〈크립토펑크〉는 현재 전 세계에 1만 개밖에 없다.

이 작품은 위조될 수도 있어. 예를 들어 다른 사람이 똑같은 그림을 그린 다음, 진짜 화가가 그린 것처럼 서명을 하는 거야. 아니면 그 화가만 쓰는 표시를 따라 하는 거지. 실제로 15~16세기에 활동했던 독일의 화가 알브레히트 뒤러도 서명 위조 때문에 고생했어. 뒤러는 자신의 이름에서 머리글자를 결합해 만든 서명을 그림에 넣은 것으로 유명해. 대문자 A의 두 다리 사이에 대문자 D가 들어가 있는 모양이지. 간단하고 쉬운 만큼 누구나 서명을 따라 할 수 있어서 뒤러의 그림인 척 속여 파는 일도 많았다고 해. 이런 경우에 사람들은 그 그림이 진짜 화가의 작품인지 아닌지를 확인하는 데 아주 오랜 시간과 비용을 들여

알브레히트 뒤러의 〈모피 코트를 입은 자화상〉.
왼쪽 위를 보면 그림을 그린 연도와 뒤러의 서명이 적혀 있다.

야 해. 혹시나 중간에 그림이 도둑질이라도 당했다가 다시 미술품 시장에 나오면 혼란이 더 심해지겠지? 이게 진짜 그 화가의 작품인지 아닌지 알기 어려울 테니 말이야.

NFT는 물건을 사고파는 기록이 모두 네트워크에 남아. 누가 만들었는지, 누가 가지고 있었는지, 이게 작가의 몇 번째 작품이고 어떤 가치를 지니는지가 명확하게 기록되지. 또 이 정보들은 네트워크에 나뉘어 기록되기 때문에 모두에게 투명하게 공개돼. 누군가가 정보를 혼자서 가지고 있을 수 없는 거야. 그래서 현실의 예술 작품처럼 진품인지 아닌지를 감정사가 검증하지 않아도 돼. NFT에 이미 모든 기록이 남아 있으니까. 그게 어떻게 가능하냐고? 바로 블록체인 덕분이야.

블록체인은 정보를 안전하게 기록하고 공유하도록 도와줘. 우리는 컴퓨터나 인터넷으로 정보를 보내고 저장하잖아? 이런 정보를 블록이라는 작은 조각으로 나누어서 기록하고, 그 블록들을 사슬(체인)처럼 연결하는 기술이 바로 **블록체인**이야. 블록체인은 은행처럼 중앙 시스템에 정보가 저장되는 것이 아니라 여러 컴퓨터에 나뉘어 저장돼. 그래서 컴퓨터 하나가 망가지거나 정보를 잃

어버려도 괜찮지. 다른 컴퓨터에 저장된 정보를 활용하면 되니까.

새로운 정보를 추가할 때마다 각각의 블록에 기록돼. 블록이 그동안 기록한 정보는 모두 암호로 바뀌어 있지. 그리고 이 블록들은 모두 사슬처럼 서로 이어져 있어. 만약 중간에 어떤 블록을 바꾸려면 사슬로 연결된 다음 블록도 바꿔야 한다는 뜻이야. 함부로 바꾸기 쉽지 않겠지? 그래서 블록체인이 안전한 거야. 이 블록체인을 활용한 대표적인 예가 암호 화폐야. **암호 화폐**란 현실의 돈과 달리 형태가 없는 디지털 화폐를 말해. 화폐를 발행하는

정보가 서로 사슬처럼 엮여 있으면 함부로 조작하기 어렵다.

국가나 기관이 따로 없지. 종류가 아주 다양한데 그중 하나가 비트코인이야. 아마 뉴스에서 들어 봤을 거야.

블록체인을 활용하면 가장 처음 있었던 거래부터 모든 정보가 기록돼. 'A가 B에게 판 것을 B가 다시 C에게 팔았다'처럼 기록이 전부 남는 거지. 거래 내역이 처음부터 끝까지 남아 있기 때문에 전 세계 어디서든 안전한 거래가 가능해. 예를 들어 컴퓨터 파일은 보통 필요한 만큼 계속 복사할 수 있잖아? 그래서 개수가 얼마 없다는 희소성이 떨어져. 하지만 블록체인을 이용해 만든 NFT는 희소성이 크지. 기록된 정보를 확인해 보면 되니까. 덕분에 NFT는 디지털 세계에서 유일하다는 가치를 지니는 것이란다.

세상에 딱 하나뿐이니까

2021년 3월, 디지털 아티스트 비플의 NFT 작품이 크리스티 경매소에서 무려 6,930만 달러에 낙찰됐어. 1달러를 우리나라 돈으로 1,200원이라고 했을 때 831억 6,000만 원에 해당하는 돈이지. 어마어마하지? 이후 몇 몇 음원이나 기업의 제품이 NFT로 만들어져 사람들의 관심을 끌었단다. 그런데 아무리 블록체인 때문에 대체가 어렵다고 해도 이해하기 어려운 점이 있어. 사람들은 왜 그렇게 많은 돈을 내고 NFT 작품을 사는 걸까?

예를 들어 내가 어떤 사진을 찍어서 친구들에게 줬다고 생각해 보자. 친구들이 내가 준 사진이 멋지다며 스마트폰 배경화면으로 쓰고, 인스타그램에도 올렸어. 그걸 본 다른 사람들이 그 사진을 저장한 다음, 자신의 취향대로 색상이나 구도를 수정해서 인터넷에 올렸지. 그런데 그렇게 올린 사람 중 한 사람의 게시물이 어느 날 엄청나게 많은 조회수와 '좋아요'를 받은 거야.

자, 그럼 이 사진의 주인은 누구일까? 제일 나중에 사진을 수정해서 올린 사람일까? 아니면 처음 사진을 찍은 나일까? 누가 사진의 저작권을 가지는지 한번 생각해 봐. 사실 이런 상황에서 처음 사진을 찍은 사람이 저작권을 주장하는 게 쉽지는 않아. 유명해진 건 마지막에 사진을 올린 사람 덕분이니까. 내가 사진을 처음 찍은 사람이라면 많이 억울하겠지? NFT는 이렇게 가장 처음 사진을 찍은 사람이 누구인지 증명해 줘. 원본을 기록해서 말이야. 만약 그 사진이 NFT였다면 처음 사진을 찍은 사람이 친구들에게 사진을 주었다는 정보가 블록체인에 남아 있겠지. 이 정보가 있는 한, 아무리 많은 사람이 사진을 퍼가서 바꾸고 퍼뜨리더라도 원본 소유자는 세상에서 딱 한 명이라는 게 증명되는 거야.

그게 무슨 의미가 있냐고? 무수한 복사본이 디지털 세상에 돌아다니는데? 현실을 한번 생각해 보자. 〈모나리자〉라고 아주 유명한 그림 알지? 네가 박물관에서 〈모나리자〉를 보고 큰 감동을 받았어. 그래서 그 그림을 스티커로 만들어 친구들에게 나눠 줬지. 방에 〈모나리자〉를 똑같이 그린 그림도 하나 걸고 말이야. 그럼 〈모나리자〉의 소유자는 네가 되는 걸까? 당연히 아니지.

그럼 이건 어때? 〈모나리자〉는 점점 더 유명해졌어. 진짜 〈모나리자〉를 보고 싶어 하는 사람도 많아졌고. 그림을 가지고 싶은 사람도 생겼을 거야. 그래서 〈모나리자〉를 똑같이 그린 그림들이 전 세계 곳곳에 뿌려졌어. 하지만 세상에 진짜 〈모나리자〉는 딱 하나잖아. 〈모나리자〉 복사본이 여기저기 떠돌아다니니 원본의 가치가 떨어졌을까? 아니! 오히려 올라갔어. 그럼 당연히 더 비싼

프랑스 루브르 박물관의 진짜 〈모나리자〉(왼쪽)를
인공지능이 따라 그린 그림(오른쪽)

가격으로 원본을 팔 수 있겠지?

NFT도 이것과 비슷해. 디지털 자산에 대한 권리인 **디지털 소유권**을 증명해 주는 거지. 그동안 인터넷에서 인정받지 못했던 디지털 자산이 그에 맞는 가치를 지니게 되는 거야. 그러면 예술가들도 디지털 세상에서 마음 놓고 예술 작품을 만들 수 있겠지? 디지털 자산에 대한 기록이 NFT에 남아 있을 테니까. 요즘처럼 인공지능이 아무리 정교하게 작품을 베껴도 원본의 소유자가 누구인지

금방 알 수 있잖아. 그림, 음악, 영상 등 어떤 작품이든 말이야.

메타버스에서 NFT는 디지털 자산을 증명해 주는 가장 확실한 방법이야. 예를 들어 아주 유명한 브랜드에서 나온 아바타용 옷을 샀다고 해보자. 그 옷이 한정판이라는 사실은 NFT가 증명해 줄 테니 걱정하지 않아도 돼. 만약 NFT로 된 그림을 사서 전시했는데 다른 사람이 그걸 사고 싶어 한다면? 그림을 샀던 것보다 더 비싸게 팔 수도 있겠지? 이게 가능한 이유는 말했듯이 NFT에 모든 정보가 기록되기 때문이야. 블록체인을 이용해서 말이야. 이제 메타버스에서 디지털 소유권을 보장하기 위해 꼭 필요한 기술이 뭔지 알겠지?

NFT 거래와 암호 화폐

NFT는 주로 디지털 아트, 게임이나 스포츠 관련 아이템 등에 사용돼. 작가가 자신이 만든 작품을 NFT로 발행하면 그 작품에 대한 디지털 소유권을 갖게 되지. 그러면 다른 사람에게 팔 수도 있어. NFT 거래소를 이용해서 말이야. 그중에서도 오픈시는 NFT 거래가 활발하게 이루어지는 곳이야. 이 외에도 니프티 게이트웨이, 라바랩 등이 있지.

사용자는 NFT 거래소에서 다양한 작품을 검색하고 구매할 수 있어. 오픈시는 이더리움이라는 블록체인 시스템을 이용해. 외국에서 물건을 사려면 그 나라 돈이 필요하지? 마찬가지로 오픈시에서 NFT를 사려면 암호 화폐가 필요해. 아무 암호 화폐나 가능한 건 아니야. 이더리움을 이용해 만든 암호 화폐가 있어야 하지.

NFT는 경매 방식으로 거래되기도 해. 경매는 물건을 사고 싶은 사람들 중에서 가장 높은 가격을 부른 사람이 물건을 사는 방식이야. 예술 작품은 희소성이 높기 때문에 경매 방식을 많이 이용하지. 작품은 하나인데 사고 싶은 사람은 많으니까. 물론 정해진 가격에 바로 구매하는 방식으로도 NFT를 살 수 있어. 하지만 가격이 워낙 천차만별이기 때문에 같은 작가의 작품도 가격을 잘 알아보고 사는 것이 중요해.

오픈시에서는 내 작품을 NFT로 팔 수도 있어. 내가

이더리움을 이용해 만든 암호 화폐로는 '이더'가 있다.

가지고 있는 그림이나 사진을 거래소에 올려서 다른 사람에게 파는 거야. NFT 작가를 뽑는 거래소들도 있지만 오픈시는 누구나 자신이 만든 디지털 아트를 판매할 수 있어. 다만 전자 지갑으로 암호 화폐를 구매자에게서 받아야 하기 때문에 성인이 아니면 NFT 거래가 어렵지.

최근에는 기업에서 NFT를 이벤트로 나눠 주기도 해. NFT를 알리고 물건을 사는 소비자에게 특별한 경험을 주기 위해서지. 예를 들어 오프라인 콘서트를 관람할 수 있는 티켓을 사면 NFT를 함께 증정하는 거야. 많은 기업이 NFT를 활용해 메타버스에서 우위를 차지하려고 노력하고 있어. 기후변화 생물지표를 NFT로 발행한다든지, 각종 게임 아이템을 NFT로 판매한다든지 해서 말이야. 전 세계 4억 명이 사용하는 〈제페토〉에서는 2022년에 〈제페토X〉를 새로 만들었어. 〈제페토X〉는 〈제페토〉가 지원하는 NFT 거래소라고 보면 돼. 아바타가 자신만의 집을 가질 수 있는 NFT, 옷으로 입을 수 있는 웨어러블 NFT를 거래할 수 있지. 집과 땅도 무제한으로 생성해서 누구나 이용할 수 있도록 메타버스의 문을 활짝 열었어.

메타버스에 NFT를 더하면?

혹시 민팅이라는 말 들어 봤니? **민팅**Minting은 디지털 자산을 NFT로 만들어 내는 것을 말해. 블록체인을 이용해서 이 디지털 자산이 원본이라는 정보를 넣는 거지. 그런데 어디서 많이 들어 본 단어 같지 않아? 맞아! 우리가 잘 아는 민트초코 맛의 그 '민트'에서 유래했어. 영단어 민트mint는 박하 말고도 화폐를 찍어 낸다는 뜻을 가지고 있거든. 이렇게 민팅으로 만들어진 NFT는 사람들 사이에서 거래가 가능해. 단순한 디지털 자산이 대체할 수 없는 가치를 지니게 되는 거야. 그럼 NFT와 메타버스가 만나면 어떤 세상이 펼쳐질까?

먼저 NFT를 이용해 가상 자산을 보유할 수 있어. 그동안 게임 아이템을 현금으로 바꾸기 위해서는 은행 계좌를 등록하고 인증해야 했어. 하지만 NFT를 활용하면 아이템을 쉽게 사고팔 수 있어. 민팅으로 가상 세계에서 새로운 가치가 주어지니까. 메타버스 안에서도 나만의 자산이 생기는 거지.

또 인증서나 자격증 등을 NFT로 발행하고 메타버스에서 쓸 수 있어. 예를 들어 메타버스에서 디지털 리터러시 교육을 다 받은 사람에게만 수료증을 NFT로 제공하는 거야. 그리고 특정 공간에 그 NFT를 가진 사람만 들어갈 수 있게 하는 거지. 자격을 갖춘 사람만 입장할 수 있도록 말이야. NFT는 블록체인으로 정보가 기록되어 있으니 특정 공간에 대한 접근을 얼마든지 메타버스에서 막을 수 있어.

메타버스에서 이뤄지는 경제 활동에도 도움을 줄 수 있어. 가상 상품, 가상 부동산, 가상 서비스 등을 거래할 때 NFT를 활용하는 거야. 현실과 비슷하게 땅이나 부동산을 거래하는 것도 가능해. 메타버스 세상에서 NFT가 집문서, 땅문서 역할을 하면 되니까. 어떤 땅이 누구의 것인지를 NFT가 증명해 주는 거야.

NFT를 통해 창작자들은 자신의 권리를 보호받을 수 있어. 메타버스 안에서도 훨씬 안정적인 창작 활동이 가능한 거야. 그럼 더 좋은 콘텐츠가 만들어지고, 메타버스 세상은 더욱 풍성해지겠지. 결국 메타버스에서 NFT 거래가 더 활발해질 테고 말이야. NFT와 메타버스는 이렇게 떨어지려야 떨어질 수가 없는 사이란다.

NFT도 만능은 아니야

메타버스가 NFT와 만났을 때 기대되는 점은 이렇게 다양해. 그렇다고 NFT가 완벽한 기술이라는 말은 아니야. 아직 기술적으로 보완해야 할 부분도 있고, 고민이 필요한 문제가 있거든. 모든 기술이 그렇듯이 완벽한 기술은 존재하지 않아. 사용하면서 나타나는 문제점을 하나둘씩 해결해 가면서 완벽에 가까워지는 거지.

NFT는 가격이 수시로 바뀌어. 실제로 2021년 코로나19로 비대면 활동이 늘면서 NFT에 대한 관심도 폭발적으로 늘어났어. 엄청난 가치를 만들어 내며 하루에도 몇 억씩 활발하게 거래됐지. 그런데 최근에는 거래량이 눈에 띄게 줄면서 가격이 크게 떨어졌단다. 따라서 NFT를 구매할 때는 신중해야 해. NFT 작품의 가치가 오르락내리락하니까. 명확하게 가치를 평가하고 구매하는 과정이 꼭 필요하지.

NFT를 거래할 때는 플랫폼과 판매자를 잘 선택해야 해. 사람들이 많이 이용하지 않는 곳에서 NFT를 구매하면 나중에는 팔지도 못하는 골칫덩이가 될 수 있겠지? 같은 작품으로 너무 많이 발행된 NFT를 사면 희소성이 떨어져서 나중에 제값을 받지 못할 수도 있어.

NFT는 블록체인 기술을 활용한 암호 화폐로 거래한다고 했지? 그래서 암호 화폐나 NFT를 보내고 나면 다시 돌려받을 방법이 없어. 만약 현실에서 이런 일이 생긴다면 은행을 거쳤을 테니 은행이나 경찰에 신고할 수 있을 거야. 하지만 암호 화폐는 여러 네트워크가 공유하고 있다는 점 때문에 손을 쓰기 어려워. 어느 한 곳이 나서서 책임을 지려고 하지는 않기 때문이지. 모든 결과에 대한 책임을 혼자서 져야 한다는 뜻이야. 그러니 플랫폼이 안전한지, 운영자를 사칭한 건 아닌지를 꼼꼼히 확인할 필요가 있지.

해킹의 위험도 있어. **해킹**은 컴퓨터나 네트워크에 침입해서 정보를 빼내거나 조작하는 것을 말해. 전자 지갑에 들어 있는 암호 화폐를 빼갈 수도 있고, 오랜 시간을 공들인 NFT 작품을 훔쳐 갈 수도 있어. 의심스러운 링크는 들어가지 말고, 암호 화폐의 비밀번호나 NFT 작업 코드 등을 남에게 함부로 알려 주면 안 되겠지? 사기도 조심해야 해. 거래 과정에서 구매자와 판매자를 속이는 일이 많거든. 웬만하면 공식 거래소를 이용하는 것이 좋아. 낯선 곳에서 괜히 거래했다가 NFT를 빼앗길 수도 있으니 말이야. 아직 학생이라면 돈거래가 어려울 수 있어. 그러니 암호 화폐를 사용할 때는 부모님의 도움을 받는 것이 꼭 필요하단다.

새로운 직업의 탄생

메타버스와 NFT가 우리 사회에 가져올 변화는 엄청날 거야. 그만큼 새로운 직업이 많이 생겨나겠지? 메타버스와 NFT가 만났을 때 새롭게 등장할 직업에는 어떤 것들이 있을지 살펴보자.

첫째, 메타버스 디자이너야. NFT 거래가 활발해지면 가장 주목받을 직업 중 하나지. 메타버스 디자이너는 가상 공간을 만들고, 이를 다양한 기기에서 사용할 수 있도록 디자인해. 당연히 3D 디자인 기술과 프로그래밍 지식이 필요하겠지? 실제와 비슷하게 3D 모델링으로 작업하고, 그 과정에서 NFT를 발행해 자신의 저작권과 소유권을 주장할 수도 있어.

둘째, NFT 아티스트야. NFT 아티스트는 메타버스 안에서 디지털 아트를 제작하는 사람이야. NFT 발행에 전문적으로 종사하면서 창작한 디지털 아트를 NFT로 발행하고 거래하지. 기업의 요청을 받아 기업을 홍보하는 NFT 아이템을 만들거나 아바타가 입을 옷과 신발을 디자인해서 팔 수 있어.

셋째, 메타버스 마케터야. 메타버스에서 상품을 알리고 브랜드 이미지를 만드는 일을 하지. 메타버스에서의 마케팅은 일반적인 마케팅과는 다른 방식을 요구해. 메타버스가 어떻게 돌아가는지, 메타버스에서 사람들은 어떤 것에 관심을 보이는지 잘 알고 있어야 하지. 메타버스에 맞는 전략을 세우고, 이를 적극적으로 행동에 옮기는 것이 필요한 직업이야.

넷째, 디지털 에이전트야. NFT 발행과 거래를 대신해 주거나 거래를 위한 플랫폼을 관리하지. NFT를 발행하는 과정이 결코 간단하지는 않아. 디지털 에이전트가 이런 업무를 처리해 주면 창작자는 작품을 만드는 데 집중할 수 있을 거야.

다섯째, 가상 경제 전문가야. 메타버스 안에서 일어나는 경제 활동을 분석하고 경제가 어떻게 흘러갈지 내다보는 직업이지. 현실에서 주식 흐름을 읽고 변화를 예측하는 것처럼 가상 경제 전문가는 메타버스의 경제 활동을 바탕으로 전략을 제시할 거야.

지금까지 살펴본 직업들은 각 분야에서 이미 서서히 자리 잡고 있어. 메타버스와 NFT가 발전할수록 이런 일을 할 사람은 더 많이 필요해질 거야. 앞으로는 또 새로운 직업이 생길 수도 있지. 메타버스 세상에서 자신의 꿈을 펼치는 사람은 누가 될까? 당연히 변화하는 사회에 빠르게 적응하고 행동하는 사람이겠지?

웹 3.0 시대를 알려 주지

웹 1.0도 아니고 2.0도 아닌 3.0이란 무슨 말일까? 먼저 웹 1.0은 웹이 처음 등장해서 필요한 정보를 전보다 훨씬 빠르게 검색할 수 있게 된 것을 말해. 다만 이때는 정보를 찾아서 읽기만 가능했지. 웹 2.0은 여기서 더 나아가. 사용자가 정보를 만들고 공유할 수 있지. 다음으로 웹 3.0은 '탈중앙화'가 특징이야. 모든 정보를 한곳에 보관했던 웹 2.0과 달리 웹 3.0은 사용자들이 나누어서 보관해. 또한 사용자가 자신이 만든 정보를 소유할 수 있지.

메타버스와 NFT가 만나는 시대를 **웹 3.0 시대**라고도 이야기해. 그 이전인 웹 2.0 시대에서는 웹에서 주로 정보를 주고받았어. 구글이나 네이버 같은 검색 사이트를 통해서 정보를 찾고, SNS를 통해 친구들과 소통했지. 그런데 웹 3.0 시대는 사용자의 참여 영역이 훨씬 커져. 인터넷 세상에서 필요한 정보를 찾고 소비하는 데 그치지 않고 직접 생산해서 소유하는 게 가능해. 사용자가 소비자가 되고, 또 생산자가 되는 세상인 셈이야.

웹 3.0 시대에서 빠질 수 없는 것이 바로 NFT야. NFT가 디지털 자산의 소유권을 증명한다고 했지? 웹 3.0 시대에서는 인공지능이 인터넷에 그동안 쌓인 사용자 데이터를 바탕으로 개인에게 맞춤형 정보를 제공해. 사용자가 생산하는 데이터의 가치가 높아지고, NFT를 통해 디지털 자산을 안전하게 거래할 수 있는 거야. 웹 3.0 시대를 웹이라는 공간에서 사용자들이 활발하게 상호작용하는 시대라고 할 수 있지.

그 예로 〈디센트럴랜드〉는 NFT를 다양하게 활용하고 있어. 〈디센트럴랜드〉는 현실 세계처럼 땅을 사고팔 수 있는 메타버스 플랫폼이야. 파티나 축제를 열 공간을 빌릴 수도 있어. 실제로 이곳에서 유명 DJ가 참여한 음악 축제가 열렸단다. 진짜 축제처럼 무대에서 가수들이 가상의 아바타로 춤추고 노래하며 관객과 음악을 즐겼지.

미국에서는 〈디센트럴랜드〉 안의 마트에서 아바타가 물건을 사면 제품이 배달되기도 해. 진짜 피자를 주문할 수 있지. 최근에는 우리나라 화장품 회사인 아모레퍼시픽이 자사 화장품을 체험할 수 있도록 〈디센트럴랜드〉에 새로운 가상 공간을 선보였어. 이곳에서 사용할 수 있는 NFT도 발급했지.

〈컴투버스〉는 컴투스라는 게임 회사가 만든 메타버스야. 은행, 병원, 서점 등 각종 기업과 협력하며 실제 세계와 비슷한 메타버스를 만들고 있어. 얼굴을 맞대지 않고 금융 업무나 의료 서비스를 이용할 때 가장 중요한 건 내가 누구인지 증명하는 일이야. 그동안 인터넷에서 이런 서비스를 이용하려면 수많은 보안 프로그램을 깔고, 증명서를 일일이 받아야 했지. 하지만 NFT가 있다면 달라. 나를 증명하는 일이 훨씬 간단해지거든. 덕분에 자유로운 거래가 가능하지. 메타버스에서도 원래 일상처럼 편리하게 생활할 수 있는 거야.

메타버스 〈젭〉에서는 NFT를 이용한 클레이 토큰으로 다른 사용자를 후원하는 기능을 지원해. 그리고 NFT 도어 기능을 통해 특정 NFT를 가진 사람만 입장할 수 있는 곳을 두고 있지. 업체와 연계해서 다양한 NFT를 이벤트 형식으로 발급하기도 해.

대학교에서는 학력을 관리하는 시도를 하고 있어. 학교를 졸업한 학생들에게 NFT로 졸업장을 수여하는 거야. 학력에 대한 위변조를 막기 위해서지. 또 직접 NFT를 민팅해서 판매할 수 있도록 지도하는 프로그램이 생기고 있어. NFT를 활용한 메타버스 미술 전시회나 음악회도 속속 열리고 있단다. 메타버스와 NFT는 앞으로 더욱 다양한 모습으로 우리 앞에 나타날 거야.

요점만 싹둑! 공부 절취선

NFT

대체 불가능한 토큰. 디지털 자산의 소유권을 증명함

블록체인

정보를 블록이라는 작은 조각으로 나누어서 기록하고,
그 블록들을 사슬처럼 연결해서 공유하는 기술

암호 화폐

현실의 돈과 달리 형태가 없는 디지털 화폐
예) 비트코인

디지털 소유권

디지털 자산에 대해 갖는 권리

민팅

디지털 자산을 NFT로 만들어 내는 과정

해킹

컴퓨터나 네트워크에 침입해서 정보를 빼내거나 조작하는 것

웹 3.0 시대

사용자가 웹에서 직접 데이터를 생산하고 저장하며
소유할 수 있는 시대

4장
메타버스에서
이것만은 꼭!

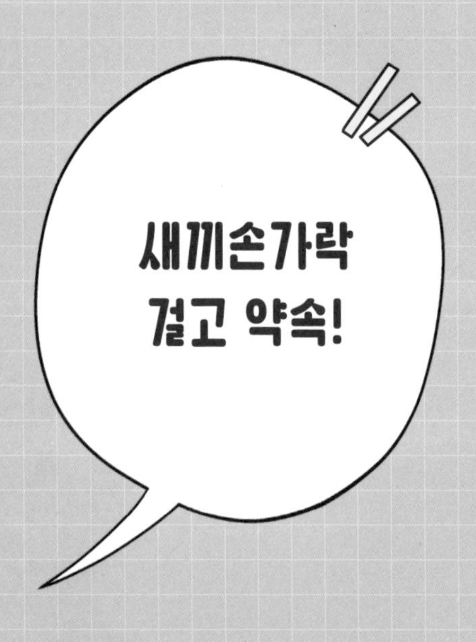
새끼손가락
걸고 약속!

바보
메롱~
누구는 욕할 줄 모르나?
잠깐만!

Fight!
익명성에 기대서 너도나도 욕을 하면 어떻게 되겠어?
에휴, 디지털 시민인 내가 참는다.
끙…

나인 듯 내가 아닌 세상

메타버스는 끝없는 가능성을 가지고 있어. 하지만 문제도 함께 가지고 있지. 사람들이 걱정하는 것 중 하나는 현실의 내가 아닌 메타버스의 나로 살면서 생기는 문제들이야. 내가 아닌 나라니? 알다시피 메타버스에서는 내 모습을 얼마든지 바꿀 수 있어. 여기서 문제가 발생하지. 개인정보 유출부터 정체성의 혼란, 현실에서 사회적 관계를 맺는 데 겪는 어려움까지 문제는 다양해.

개인정보 유출부터 볼까? **개인정보**란 나이, 주소, 전화번호 등 어떤 사람에 대한 정보를 말해. 사실 메타버스에서는 개인정보를 공개하지 않는 게 가장 좋긴 해. 내 개인정보는 꼭 신뢰할 수 있는 사람들에게만 말해야 할 거야. 그렇지 않으면 메타버스뿐 아니라 현실에서도 개인정보 유출로 큰 피해를 볼 수가 있거든.

실제 한 메타버스 플랫폼에서는 이용약관에 "귀하는 본 서비스에서 공유하는 정보와 개인정보가 다른 사람에게 복사, 전재, 임의로 수정되거나 불법적인 목적으로 사용될 수 있음을 완전히 인지하고 있고 이에 동의합니다"

라고 적어 놓아서 논란이 되기도 있어. 앱에 가입하면 다른 사람이 내 정보를 마음대로 사용해도 된다는 거지. 말도 안 되지? 만약 이런 내용을 확인하지 못했을 경우에는 내 정보가 여기저기 떠돌아다니게 될 거야.

메타버스에서 사람들은 서로 소통하고 다양한 활동을 해. 셀 수 없이 많은 사람을 만나게 되지. 의사소통도 문자, 음성, 영상 등 다양한 방식으로 이루어져. 따라서 다른 사람과 정보를 공유할 때는 조심해야 해.

사실 메타버스에서는 사용자의 개인정보가 알아서 수집되고 저장돼. 예를 들어 내가 과자를 검색하는 시간이 길어지면 검색 기록이 인터넷에 쌓이겠지? 그럼 과자와 관련된 광고들이 메타버스 안에서 계속 뜨는 거야. 만약 이런 정보를 모으는 데 인공지능이 도입되면 더 많은 개인정보가 수집될 거야. 자칫 잘못하면 다른 사람에게 알리고 싶지 않은 정보도 유출될 수 있는 거지. 그렇기 때문에 사용자는 개인정보를 보호하기 위해 안전한 비밀번호를 설정하고, 언제 어디서나 자신의 개인정보가 보호받고 있는지 확인하는 습관을 가져야 해.

메타버스에서 내가 만든 아바타는 현실의 나와 연결

아바타는 나를 대신하지만 현실의 나와 완전히 같지는 않다.

되어 있어. 나를 대신하는 아바타는 또 다른 내 모습이기도 해. 그런데 문제는 아바타로 머무르는 시간이 길어지면 실제 사회에서 관계를 맺는 데 어려움을 겪을 수 있다는 거야. 메타버스에 지나치게 몰입해서 메타버스에서의 내가 전부라고 착각하는 거지. 특히 청소년기는 자신만의 정체성을 만들어 가는 시기야. 그런데 메타버스에 지나치게 빠지면 내가 누구인지, 어떤 사람인지 제대로 파악하지 못할 수도 있어. 그래서 메타버스와 삶의 균형을 맞추는 게 무척 중요해. 메타버스에서 또 다른 나로 생활하는 것은 흥미로운 경험이지만, 현실에 있는 나도 잊으면 안 되지. 부모님이나 선생님과 함께 안전하고 즐거운 메타버스 생활에 대해 이야기하고 조언을 구하는 것이 좋아.

내 권리만큼 중요한 남의 권리

메타버스는 여러 사람이 함께 이용하는 공간이기 때문에 여러 문제가 생길 수 있어. 의사소통을 하다 보면 갈등이 생기는 경우가 곧잘 일어나니까. 언제나 상대방을 존중하고 이해하는 자세가 중요하지. 메타버스라고 예의를 갖추지 않아도 되는 건 아니야. 현실에서 지켜야 하는 것은 메타버스에서도 지켜야 해. 저작권도 마찬가지야.

저작권은 창작물을 만든 사람이 그 작품에 대해 가지는 권리야. 다른 사람이 마음대로 사용하거나 복제할 수 없지. 예를 들어 어떤 사람이 TV 프로그램에 나온 연예인의 모습을 캡처해서 NFT로 올렸어. 그럼 이 NFT의 주인은 NFT를 만든 사람일까, 연예인일까? 아니면 TV 프로그램을 만든 제작자일까? TV 프로그램에 나온 장면은

TV 프로그램을 만든 사람에게 저작권이 있지. 새로운 창작물을 만들었으니까. 그런데 그 NFT에 등장한 연예인에게도 권리가 있어. 모든 사람에게는 초상권이라는 권리가 있거든. 다른 사람의 얼굴을 누군가 마음대로 가져다 쓸 수 없다는 뜻이야. 따라서 NFT를 만든다고 무조건 그 NFT에 대한 권리를 가질 수 있는 건 아니야.

누군가 내가 만든 NFT를 복제한 다음, 그걸 NFT로 팔면 어떨까? 이때는 저작권을 침해하는 것이 돼. 다른 사람의 NFT를 자신의 것처럼 판매하면 법적으로 처벌받을 수도 있지. 구매한 사람은 그 사실을 몰랐다고 해도 거래를 보호받을 수 있는 건 아니야. 그러니 거래할 때는 저작권을 잘 살펴야 해. 진짜 주인이 누구인지를 알아보고 구매해야 하지.

디지털 아트나 가상 아이템에도 저작권이 있어. 새롭게 만들어서 다른 사람과 거래할 수 있는 디지털 자산이니까 법의 보호를 받지. 저작권 문제는 앞으로 더욱더 중요해질 거야. 귀찮다고 대충 보고 넘겨선 안 되겠지? 메타버스 세상에서도 당연히 다른 사람의 권리를 소중히 여기는 자세가 필요해.

명품 브랜드도 당할 뻔했다고?

2023년 6월에는 명품 브랜드인 에르메스가 NFT 소송에서 이겨 화제가 됐어. 한 예술가가 에르메스에서 만든 것과 비슷한 가방 이미지를 NFT로 판매했거든. 에르메스는 무단으로 만든 NFT가 브랜드의 상표와 저작권을 침해한다고 주장하며 소송을 제기했지. 법원은 결국 에르메스의 손을 들어 주었어. 현실 세계의 저작권을 가상 세계에서도 인정해 준 거야.

에르메스를 대표하는 명품 가방의 모습

앞으로 에르메스는 직접 NFT를 만들어서 팔 거래. 아마 에르메스를 대표하는 가방부터 하나씩 NFT로 만들겠지? 현실 세계에서 지닌 가치가 가상 세계까지 이어진다는 것을 기업들도 인식하기 시작한 셈이지. 동시에 누구나 NFT를 만들고 판매할 수 있지만 다른 사람의 저작권을 침해해서는 안 된다는 점을 잘 보여 준 사례야.

NFT가 블록체인을 활용해서 안전하다고 해도 허점이 없는 건 아니야. 실제로 〈로블록스〉에서 있었던 일을 들려줄게. 〈로블록스〉에서는 사용자들이 저마다 콘텐츠를 만들어서 팔 수 있어. 그러려면 로벅스라는 가상 화폐가 필요하지. 그런데 최근에 〈로블록스〉에서 가짜 로벅스가 돌아다니는 일이 일어났어. 가짜 로벅스는 현실의 위조지폐와 같거든. 결국 그 과정에서 수많은 사람이 돈을 잃었지.

NFT는 구매를 취소하거나 환불받기가 까다로워. 암호 화폐를 이용해 거래하기 때문이야. 앞에서 말했던 것 기억나지? 또한 실체가 없는 디지털 파일을 소유하는 개념이다 보니 기준이 모호하지. 가격도 수시로 바뀌기 때문에 구매한 후에 다시 돈을 돌려 달라고 할 때도 갈등이 발생해. 그러니까 처음부터 NFT를 거래할 때는 신중히 하는 게 좋아. 자신에게 꼭 필요한 것인지, 가치가 계속 높게 유지될 것인지를 여러 번 생각해야 하지.

쭉 살펴보니 어때? NFT 거래에 왜 주의가 필요한지 알겠지? 늘 나를 스스로 지키기 위한 대책을 알고 있어야 해. 먼저 내가 거래하려는 곳이 믿을 만한 곳인지를 확인해 봐. 개인끼리 직접 거래하는 것보다는 거래소를 이용하는 것을 추천해. 거래소에 기록이 남기 때문에 훨씬 안전하거든. 또 거래소에서는 내가 거래하려는 사람의 거래 내역을 찾아볼 수 있어. 좀 더 안전한 사람과 거래할 수 있지.

여러 번 확인하는 습관은 필수야. 내가 거래하는 NFT가 저작권을 침해하지는 않는지, 위조는 아닌지 여러 경로로 확인하는 게 좋지. 우리가 현실에서 물건을 살 때도 이곳저곳을 돌아다니며 가격을 비교해 보잖아. 물건을 먼저 구매한 사람의 후기를 찾아보기도 하고 말이야. 부모님이나 선생님 같은 어른에게 조언을 구하는 것도 좋은 방법이야.

진짜 같아서 위험한 가짜 뉴스

메타버스에서 볼 수 있는 콘텐츠가 항상 정확하고 안전한 것은 아니야. 메타버스는 가상 세계야. 여러 사람이 다양한 경험과 콘텐츠를 제공하는 곳이지. 그렇기 때문에 선정적이거나 폭력적인 콘텐츠가 있기도 해. 때로는 불법적이고 정확하지 않은 정보를 포함하기도 하고 말이야.

메타버스에서는 누구나 콘텐츠를 만들고 공유할 수 있어. 그러다 보니 콘텐츠의 내용이나 품질이 떨어지는 경우도 많아. 수많은 콘텐츠를 일일이 점검하기란 거의 불가능하지. 따라서 부적절한 콘텐츠가 있을 수 있다는 점을 항상 명심해야 해. 메타버스에서도 잘못된 정보가 돌아다니곤 하거든. 혹시 가짜 뉴스라고 들어 봤니? **가짜 뉴스**는 사실과 다른 정보를 담은 뉴스를 말해. 가짜 정보를 진짜인 것처럼 전달해 사람들을 혼란에 빠뜨리지.

실제로 예전에 어떤 연예인이 죽었다는 기사가 잘못 나기도 했어. 사실은 건강하게 잘 살아 있었는데 말이야. 그래서 그 연예인은 자신이 죽지 않았다는 사실을 직접 밝혀야 했어. 그런데도 그 사실을 믿지 못하는 사람들이 있었지. 이 사례에서 볼 수 있듯이 가짜 뉴스의 전파 속도는 우리 생각보다 엄청나게 빨라. 그렇다면 실시간으로 의사소통이 이루어지는 메타버스에서는 어떨까? 생각해 보지 않아도 알겠지? 그래서 메타버스를 학업이나 연구 목적으로 사용할 때는 신중하게 판단하는 것이 좋아. 현실 세계와 마찬가지로 가상 세계에서도 정보의 출처를 찾고 사실을 꼼꼼히 확인해야 하지.

메타버스에서는 다양하고 화려한 경험이 가능하다고 했지? 하지만 때때로 선정적이거나 폭력적인 콘텐츠

가짜 뉴스는 사회에 엄청난 혼란을 불러올 수 있어 위험하다.

가 있는 만큼 항상 신중하게 콘텐츠에 접근해야 하지. 그렇지 않으면 불쾌한 경험을 할 수 있거든. 즐거운 메타버스 생활을 위해 우리에게 무엇이 필요할까?

인터넷에 이와 관련한 훈련을 해볼 수 있는 다양한 디지털 교육 사이트가 있으니 한번 들어가 보는 것을 추천해. 그중 하나를 소개할게. 아름다운 디지털 세상ainse.kr/main.do이라는 사이트에 들어가면 디지털 교구 메뉴에 스마트 지킴이, 팩트 체크가 있어. 디지털 세상에서 겪을 수 있는 문제를 미리 살펴보고 예방할 수 있는 프로그램들이 나지. 특히 팩트 체크에서는 가짜 뉴스를 어떻게 판별하는지 알 수 있어. 정보의 출처, 신뢰할 만한 근거와 신뢰할 수 없는 근거를 구분하는 판단력을 기를 수 있지. 메타버스에서 가짜 뉴스로 혼란스러울 때 활용해 보면 좋아.

구글에서도 비 인터넷 어썸Be Internet Awsome이라는 사이트에서 게임을 통해 디지털 리터러시 학습을 돕고 있어. 알맞은 암호 설정 방법, 인터넷 보안을 지킬 수 있는 방법 등 메타버스 세상에서 살아가는 데 꼭 필요한 내용이 담겨 있지. 미션 형식으로 쉽고 재미있게 알아볼 수 있도록 구성되어 있으니 한번 해봐.

안전하고 즐거운 경험을 위해서는 올바른 정보 확인 방법을 배우는 게 매우 중요해. 현실에서 볼 수 있는 문제가 메타버스 안에서 나타나기도 하거든. 때로는 현실의 문제를 뛰어넘어서 그동안 겪어 보지 못한 문제가 생겨나지. 현실에서 문제가 생기면 누구에게 도움을 청할까? 부모님과 선생님 그리고 친구들과 함께 문제를 해결해 가겠지? 메타버스도 마찬가지야. 부모님이나 선생님과 먼저 이야기해 보고 문제 상황에 대처해 나가는 것이 좋아. 메타버스는 어떻게 활용하느냐에 따라 우리 생활에 편리함을 가져다주기도 하고, 문제를 일으키기도 하니까 말이야.

현명한 메타버스 사용법

개인정보 유출과 정체성 혼란, NFT 거래에서 발생하는 문제 등 메타버스 세상도 조심할 게 많아. 현실과 마찬가지로 다양한 문제가 벌어지지. 메타버스는 무슨 소원이든 다 이루어 주는 요정 같은 게 아니야. 여러 사람이 이용하고, 현실과 연결되어 있으니까. 현실과는 또 다른 문제가 일어나기도 한단다.

먼저 디지털 폭력이 있어. 디지털 폭력은 언어 폭력, 성적 괴롭힘, 협박 등을 포함해. 실제로 한 메타버스 플랫폼에서는 성추행 사건이 있었어. 현실이 아닌 메타버스에서 아바타끼리 일어난 일이었지만 아바타가 곧 나를 대신한다는 점에서 엄연한 범죄지. 피해자는 메타버스에 접속하는 것 자체를 두려워하게 됐어. 이런 디지털 폭력은 사람을 가리지 않아. 누구에게나 일어날 수 있지. 그러니 언제나 조심해야 해.

만약 메타버스에서 언어적 폭력을 사용하거나 성적인 괴롭힘을 하는 사람을 만나면 어떻게 해야 할까? 우선 그 자리를 피하는 것이 좋아. 그 후 도움을 요청해야 해. 관련 증거를 수집하면 좋겠지만 그렇다고 위험하게 그곳에 계속 머무를 필요는 없어. 상대방 아이디를 기억했다가 신고하는 방법도 있어. 메타버스 플랫폼마다 다른 사람에게 불쾌감을 주거나 폭력을 쓰는 사람을 제재하고 있거든. 내가 메타버스 세상의 구성원이라고 생각하는

디지털 폭력은 누구에게나 일어날 수 있음을 명심해야 한다.

건 중요해. 하지만 다른 사람을 존중하지 않는다면 메타버스 세상에 결코 환영받지 못할 거야. 그러니 언제나 다른 사람을 존중하고 배려하는 자세가 중요하겠지?

주변 기기를 점검하는 것도 중요해. 최근 애플은 VR 기기를 개발하고 있다고 해. 메타 퀘스트를 활용한 VR 체험도 활발하게 이루어지고 있지. VR 기기를 체험해 볼 수 있는 곳도 많아지고 말이야. 하지만 VR 기기는 어떤 사람에게는 멀미나 두통 같은 증상을 불러일으킬 수 있어. 특히 어린이는 VR 기기를 사용하다가 사고가 발생할 수 있어서 유의해야 해. VR 기기를 사용하다가 어지러움이 있으면 즉시 멈추고 쉴 필요가 있어.

마지막으로 할 일을 남겨 두고 메타버스에만 빠져 있다면 일상생활에 문제가 생기겠지? 메타버스에는 새로운 환경과 경험이 넘쳐 나. 하지만 메타버스에서 다양한 활동을 즐기기 위해서는 시간 관리가 중요해. 〈로블록스〉에 빠져서 끼니도 거르고 잠도 자지 않는 것은 건강에 좋지 않지. 그래서 〈로블록스〉에서는 부모가 자녀의 사용 시간을 제한할 수 있는 기능을 제공하고 있어. 부모가 자녀의 계정에 접속해서 사용 시간을 정할 수 있지.

만약 메타버스 이용을 혼자 조절하기 어렵다면 부모님이나 주변 어른에게 도움을 요청하는 게 좋아. 학교생활이나 가족과 보내는 저녁처럼 흘러가는 시간을 놓치지 않고 현실의 나를 소중히 여길 때 삶은 더 풍요로워질 거야. 이제 메타버스와 현실의 균형을 유지하는 게 중요하다는 것쯤은 두말할 필요 없지?

디지털 시민이란 말이야

메타버스에서는 소통이 필수야. 지금껏 살펴봤듯이 걱정되는 점이 있더라도 메타버스는 이제 피할 수 없는 큰 흐름이지. 길을 걷다가 돌부리에 걸려 넘어질까 봐 밖에 나가지 않는 사람은 없잖아. 메타버스도 마찬가지야. 메타버스에서 발생하는 여러 문제 때문에 메타버스를 사용하지 않겠다는 것은 지나친 걱정이지. 메타버스 환경을 충분히 이해하고 조심한다면 얼마든지 안전한 이용이 가능해.

혹시 디지털 시민이라고 들어 봤니? **디지털 시민**은 디지털 환경에서 윤리에 따라 적절하게 행동하는 사람을 말해. 메타버스를 사용하려면 디지털 시민이 돼야 해. 디지털 기술을 적극적으로 활용하는 건 기본이겠지? 책임감을 갖고 행동하는 것도 필요해. 예를 들어 다른 사람을 괴롭힌다든가 비속어를 쓰는 건 당연히 안 돼. 다른 사람의 사생활과 개인정보, 저작권을 지키려고 노력해야 하고 말이야. 메타버스에서도 현실과 마찬가지로 다른 사람의 권리와 자유를 존중해야 하지. 단순히 메타버스를 이용하는 데 그치지 않고 그 안에서 한 사람의 시민으로 메타버스를 이끌어 가는 역할을 맡기 때문이야. 서로 대화를 통해 안전한 메타버스 공간을 만들기 위해 노력해야 한단다.

다양한 의견과 관점을 존중하고, 가짜 뉴스나 허위 정보를 확인하는 자세도 중요해. 이런 것을 디지털 문해력이라고 해. **디지털 문해력**은 디지털 환경에서 정보를 이해하고 활용하는 능력이야. 많은 양의 디지털 정보에 노출되는 오늘날 꼭 필요한 능력이지. 메타버스 공간을 활용할 때에도 디지털 문해력은 중요하단다. 신뢰할 수 있는 정보인지 확인하고, 정보의 정확성을 판단해야 하니까 말이야.

디지털 문해력을 향상시키기 위해서는 컴퓨터, 스마트폰 등 전자 기기와 관련 프로그램을 적극적으로 활용하는 것이 좋아. 정보를 평가하고 확인하는 훈련을 꾸준히 해보는 거지. 여러 웹사이트, 뉴스 등을 비교하고 다양한 관점을 살피면서 말이야. 비판적 사고를 위해서 정보가 얼마나 정확한지 검증해 보는 게 좋단다. 인터넷에서 관련 강좌를 찾아서 듣는 것도 도움이 될 거야.

사실 모두가 생각하는 영화 속의 메타버스가 되기

무분별한 정보의 홍수 속에서 디지털 문해력은 필수다.

위해서는 시간이 좀 더 걸릴지도 몰라. 기술이 발전할수록 더 복잡한 갈등이 새롭게 나타날 수도 있어. 적응하는 데 어려움을 겪을 수도 있고. 하지만 메타버스는 더 이상 피한다고 피할 수 있는 문제가 아니야. 메타버스를 어떻게 활용해야 할지가 아주 중요한 시점이지. 그러니 올바른 활용법을 익히고 디지털 문해력을 갖춘 디지털 시민이 돼야 해.

메타버스는 앞으로도 우리 생활 곳곳에 더욱 깊게 스며들 거야. 그러니까 메타버스를 잘 알면 더욱 편리하고 멋진 세상이 펼쳐지겠지? 메타버스를 올바르게 사용하려는 태도가 왜 필요한지 이제는 이해했을 거라 믿어. 자, 그럼 이제 메타버스를 직접 탐험해 보는 건 어때?

요점만 싹둑! 공부 절취선

개인정보

나이, 주소, 전화번호 등 살아 있는 사람에 대한 정보

저작권

창작물을 만든 사람이 그 작품에 대해 가지는 권리

가짜 뉴스

사실과 다른 정보를 담은 뉴스. 가짜 정보를 진짜인 것처럼 전달해 사람들을 혼란에 빠뜨리거나 잘못된 정보를 퍼뜨리는 것

디지털 시민

디지털 환경에서 윤리에 따라 적절하게 행동하는 사람

디지털 문해력

디지털 환경에서 정보를 이해하고 활용하는 능력

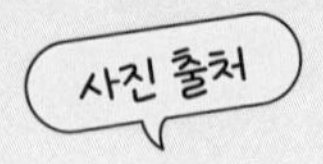

26쪽 롯데 X 칼리버스 / caliverse.co.kr

27쪽 롯데 X 칼리버스 / caliverse.co.kr

29쪽 Tumisu / pixabay.com

31쪽 Lyncconf Games / www.flickr.com

32쪽 구글 지도 / www.google.co.kr/maps

46쪽 The Internet Speculative Fiction Database / isfdb.org

48쪽 HyacintheLuynes / commons.wikimedia.org

57쪽 LG전자 / www.flickr.com

68쪽 Maximilian Prandstätter / www.flickr.com

75쪽 SumitAwinash / commons.wikimedia.org

93쪽 DrawKit Illustrations / unsplash.com

115쪽 Jacket lee / www.flickr.com

다른 포스트

뉴스레터 구독신청

오도독 ∵ 02

오늘은 메타버스

초판 1쇄 2023년 9월 8일

지은이 이진명

펴낸이 김한청
기획편집 원경은 차언조 양희우 유자영
마케팅 현승원
디자인 이성아 박다애
운영 최원준 설채린

펴낸곳 도서출판 다른
출판등록 2004년 9월 2일 제2013-000194호
주소 서울시 마포구 양화로 64 서교제일빌딩 902호
전화 02-3143-6478 **팩스** 02-3143-6479 **이메일** khc15968@hanmail.net
블로그 blog.naver.com/darun_pub **인스타그램** @darunpublishers

ISBN 979-11-5633-581-8 (44000)
979-11-5633-579-5 (세트)

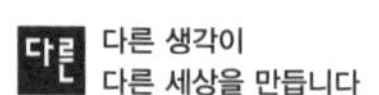